덜 생각하고 더 잘 사는 법

머릿속에 생각이 많은 어른을 위한 책

덜 생각하고
더 잘 사는 법

박용남 감수

련(戀), 김희진, 강미정

신철우, 김연재, 화담(華談)

비책

오늘 하루만

한 남자가 있었다. 그의 하루는 술 마시는 것으로 시작해 술로 끝내는 나날의 연속이었다. 술은 그의 고된 삶을 잠시 잊게 해주는 유일한 탈출구였지만, 그만큼 점점 더 깊은 어둠 속으로 밀어 넣었다. 그가 끔찍이도 아끼던 가족도 떠났고, 우여곡절 끝에 직장도 잃었다. 그렇게 모든 것을 잃고 절망에 빠져있던 어느 날, 한 친구의 손에 이끌려 알코올 중독자 모임(Alcoholics Anonymus)에 참석했다.

이 모임은 서로의 아픔을 이야기하고 감정을 공감하며 문제를 해결하는 방식으로 진행되었다. 그는 자기와 같은 어려움을 겪고 있는 다양한 사람들을 만났는데 그 중 한 사람이 나서더니 이렇게 말했다.

"처음에는 이 회복 과정이 무겁게 느껴졌어요. '평생 술을 마시지 않아야 한다'란 생각이 미치게 만들더라고요. 그때 누군가가 그랬어요. 평생이 아닌 '오늘 하루만 술을 마시지 말자' 결심하라고. 그게 'One Day at a Time'의 의미라고."

이 말은 남자의 마음에 강하게 와닿았고, 지금까지 술을 끊으려는 자신의 시도가 왜 실패했는지 깨달았다. 바로 '평생'이란 말에 압도당했기 때문이다. 그는 당장 내일이나 다음 주, 아니 그다음 달을 걱정하지 않기로 했다. 대신 '오늘 하루'만 술을 마시지 않겠다고 다짐했다.

금주 첫날은 쉽지 않았다. 몸은 습관적으로 술을 찾았고, 이를 머릿속 생각은 뜯어말리며 온종일 그를 괴롭혔다. 그럴수록 '오늘 하루만'을 떠올리며 간신히 하루를 버텨냈다. 다음 날 아침, 그는 처음으로 술 없이 하루를 보냈다는 사실에 스스로 놀라워했다.

자신감을 얻은 그는 이 방법을 계속 시도했다. '오늘 하루만…' 그렇게 일주일이 지나고, 한 달이 지났다. 그리고 몇 년 후, 그는 같은 모임에서 과거의 자신과 같은 처지인 사람들에게 이렇게 말했다.

"여러분, 평생을 걱정하지 마세요. '오늘 하루만' 버티면서 살아가세요. 그러면 삶은 결국 나아질 겁니다."

'One Day at a Time'. 이 문구는 단지 알코올 중독자의 회복 원칙이 아니라, 삶을 살아가는 태도를 바꾸는 마법 같은 도구였다. 그는 과거를 후회하거나 미래를 걱정하는 대신에 '오늘 하루'를 살아가는 법을 배웠다. 그렇게 그는 자신의 삶을 조금씩 되찾아갔다.

'한 남자의 이야기'를 통해 독자님은 어떤 생각을 했는지 알고 싶다. 아마 이 책을 펼쳤을 때나 끝까지 읽기로 결심했을 때 이야기 속 남자와 비슷한 생각이 들었을 수 있다. 수많은 고민과 생각, 삶의 고통과 어려움을 겪으면서도 '잘 살고 싶다'라는 마음이 들었을 것이다.

'하루에 하나씩, One Day at a Time'. 이 단순한 문구가 한 사람의 인생을 바꾼 것처럼, 지금 이 책을 읽는 당신에게도 그 기적 같은 변화가 시작되기를 진심으로 바란다.

우리는 모두 삶의 무게에 짓눌릴 때가 있다. 더 이상 견딜 수 없을 것 같은 아침, 내일이 두려워 눈을 감아버리고 싶은 밤. 어쩌면 지금 당신도 그 한가운데에 서 있을지 모른다.

그럴 때 우리는 자주 '평생'이라는 말에 사로잡혀 절망에 빠지기 십상이다. '평생 이렇게 살아야 할까?', '평생 벗어나지 못할까?' 그 끝없는 불안과 좌절 속에서 우리 자신은 점점 작아지고, 삶은 더 무겁게 느껴지기 마련이다.

그러나 반드시 기억하라. 평생을 살기 위해 우리는 단 하루만 살면 된다는 것을. '하루에 하나씩', 그 하루를 하나의 걸음으로 만들어가는 것이야말로 인생을 살아가는 가장 단순하지만, 매우 강력한 비결이다.

지금 당신이 이 책을 손에 든 이유도 분명히 있을 것이다. 삶을 바꾸고 싶다는 희망, 그저 한 줄기 빛이라도 찾고 싶다는 간절함 등, 그 모든 감정에 이끌려 이 책을 선택했을 것이다. 그러니 오늘 하루만이라도 당신 자신을 믿어보는 것부터 시작해 보자. 어제의 실수는 잊고, 내일의 두려움은 내려놓으며, 오늘이라는 시간을 당신 자신을 위해 써보자.

당신이 지금 겪는 아픔과 좌절은 영원하지 않다. 오늘의 고통이 영원할 것처럼 느껴질 때도 있겠지만, 그것 또한 지나갈 것이다. 중요한 건, 그 하루를 버티고 나아가는 마음이다. 오늘을 살아낸다면 내일이 오고, 내일이 쌓이면 그건 새로운 당신의 이야기가 될 것이다.

"오늘 하루를 잘 살자."

이 다짐이 당신의 마음을 울린다면, 그것만으로 충분하다.
이 책의 마지막 페이지를 넘길 때쯤 당신은 조금 더 단단해
진 자신을 발견할 것이다. 그러고 나서 당신도 누군가에게
이 말을 전할지 모른다.
"너무 먼 미래를 걱정하지 마세요. 그냥 오늘 하루만 살아
가세요. 그러면 어느새 길은 보이기 시작할 겁니다."
이제, 당신의 하루를 시작할 차례다. 다음 페이지를 넘기
기 전 스스로에게 이렇게 말해주자.

"나는 오늘 하루만큼은, 나를 위해 살아갈 것이다."

삶은 그렇게, 오늘 하루로부터 다시 시작된다.

박용남

모든 생각은 '씨앗'이다.
'좋은 열매'를 맺는 것은,
당신의 생각과 행동에 달려있다.

목차

Chapter 1   련(戀)

심리학, 나다움을 말한다

Chapter 2　김희진

생각을 바꾸면 삶이 달라진다

Chapter 3　강미정

몰입, 불가능을 가능하게 만든다

Chapter 4 　신철우

일상의 모든 순간, 생각 정리가 필요하다

Chapter 5 　김연재

더 나은 삶을 위해 필요한 뇌 활용법

Chapter 6 화담(華談)

사주로 풀어가는 성격, 마음 챙기기

에필로그

하루씩 살아가라 ————

Chapter 1

심리학,
나다움을 말한다

련(戀)

이상과 현실을 잇는 글로 세상을 다시
그리는 사람.

01
생각의 늪에서 벗어나라

침대에 누워 잠을 청했지만, 머릿속이 복잡한 탓에 쉽게 잠들지 못한다. 일 마감, 내일 당장 할 일, 그리고 어제 대화 중에 나왔던 말들이 자꾸 떠올라 뒤척이다 보면 새벽 3, 4시⋯. 간신히 잠에 든 후 일어나 씻고 준비하고 헐레벌떡 출근한다. 충분하게 잠을 못 자고 시작한 하루는 온종일 몸과 마음이 무겁기만 하다.

아마 당신도 이런 경험이 있을 것이다. 끝없는 생각들이 머릿속을 꽉 채워 쉬지도 못하고, 결국 잠도 달아나 버리는 그런 순간이.

"왜 생각이 많아질까? 그리고 어떻게 덜 생각할 수 있을까?"

우리가 생각이 많아지는 이유는 여러 가지다. 걱정, 불안, 그리고 완벽함을 추구하려는 마음 등 다양한 이유가 머릿속에서 뒤엉키며 한 생각이 또 다른 생각을 낳는다. 마치 거미줄처럼 얽혀서 빠져나오기가 어려워지는 것이다. 그러다 보면 결국 '생각의 늪'에 빠지는 듯하고, 생각하면 할수록 더 깊이 그 생각에 빠져들게 된다.

사실 '생각을 줄이는 방법'은 거창하거나 특별한 것이 아니다. 가장 기본적인 것부터 시작하면 된다. 예를 들어 '가벼운 산책'은 머릿속의 복잡한 생각들을 정리하는 데 도움을 준다. 차분히 걸으면서 선선한 바람도 느끼고, 주위의 소리를 듣고, 풍경을 바라보는 것만으로도 마음속의 얽힌 실타래가 조금씩 풀리는 것을 느낄 수 있다.

"단순히 걸으면서도 지금 이 순간에 집중해야 한다."

또한 깊이 생각하지 말아야 할 때는 의도적으로 '생각을 멈추는 연습'도 필요하다. 생각이 많아진다면 '지금은 생각할 시간이 아니야'라고 스스로에게 말해보자. 이 간단한 자기 암시만으로도 불필요한 생각을 끊어내는 데 도움이 된다. 이는 일종의 '생각 중단' 기술로, 필요하지 않은 순간에 자신을 자유롭게 해주는 것이다.

또 다른 방법으로는 '생각을 기록하는 것'이 있다. 머릿속에 있는 것들을 글로 옮기면 마음이 한결 가벼워진다. 종이에 써 내려가면서 정리된 생각을 보게 되면 그동안 쌓였던 감정이나 불안이 조금씩 해소된다. 정리되지 않은 생각들은 머릿속에서 겉돌며 더 커지지만, 눈으로 확인한 생각들은 차분해지고 구체적으로 다룰 수 있게 된다.

마지막으로, 완벽해지려는 마음을 조금 내려놓자. 우리는 모든 것을 완벽하게 하려다 보니 생각이 많아지고, 불안이 커진다. 하지만 완벽함은 환상에 불과하다. 조금 부족하더라도 충분히 괜찮다는 마음을 가지면 생각의 무게가 훨씬 가벼워진다. 생각이 많을 때, 그 생각이 정말 지금 필요한 것인지, 나를 위해 필요한 생각인지 다시 한번 물어보자. 필요하지 않은 생각이라면 가볍게 흘려보내도 괜찮다.

한가지 알아둘 점이 있다. 생각을 정리한다는 것은 깊이 생각하지 않으면 할 수 없으며, 깊이 생각하려면 고도의 집중력이 필요하다. 또 집중력도 생각의 깊이에 따라 천차만별이다. 결국 생각을 줄인다는 것은 단순히 생각하지 않으려 애쓰는 것이 아니라, 필요한 생각과 그렇지 않은 생각을 구분하고 자신을 위해 선택하는 것이다.

"항상 자신의 입장에서 생각하고 선택하라."

마음이 무겁고 머릿속이 복잡할 때, 가끔은 그저 지금 이 순간을 느끼며 스스로에게 여유를 주는 것도 괜찮다. 생각을 멈출 때 비로소 마음의 평온이 찾아오고, 그 평온 속에서 '진정한 자신'을 만나게 된다.

02
지금 이 순간을 온전히 경험하라

우리는 인생을 '과거, 현재, 미래'로 구분해 놓고 살아간다. 아름다웠던 과거를 떠올리며 현재를 불행으로 느끼기도 하고, 아직 오지 않은 미래를 막연하게 희망으로 포장하기도 한다. 하지만 우리의 인생은 늘 '현재'로만 존재하기에, 현재에 집중하고 몰입하는 태도가 중요하다. 그런데도 오늘(현재) 해야 할 일들과 어제(과거) 놓친 순간들, 내일(미래)의 걱정들 등 온갖 생각에 잠기는 동안, 지금 이 순간은 사라져 버린다. 과거와 미래를 떠올리며 현재를 잊어버리는 것이다.

우리가 가장 행복했던 순간들을 떠올려보면 공통된 점

이 있다. 바로 그 순간들 속에서 우리는 온전히 현재에 있었다. 행복은 멀리 있는 것이 아니라는 말처럼, 행복은 지금 이 순간에 존재한다. 문제는 우리가 그 순간에 집중하지 못한다는 점이다. 뭔가를 하면서도 늘 다른 생각에 잠겨있다. 식사하면서는 어제 상사에게 들은 말에 대해 고민하고, 걸으면서는 다음 주 약속을 떠올린다. 이러한 마음 상태에서는 행복을 느낄 여유가 없다. 대신 불안과 걱정이 머릿속을 가득 채운다.

"우리에게 주어진 시간은 오직 현재뿐이다."

현재에 집중하지 않으면 우리의 뇌는 자동으로 불안을 키운다. 과거의 잘못이나 미래의 불확실성은 우리를 안절부절못하게 만든다. 이때 중요한 것은 자신에게 질문하는 것이다.

'지금 여기에서 내가 느끼는 것, 보고 있는 것, 듣고 있는 것에 충분히 집중하고 있는가?'

이 질문 하나만으로도 우리는 현재로 돌아올 수 있다.

가령 지금 컵을 보고 있다고 가정하자. 그런데 우리는 그 컵을 '있는 그대로' 보지 않는다. 지금 눈앞에 있는 그 컵은 단순한 물체가 아닌, 우리의 기억과 경험, 감정이 덧붙여진 대상이다. 그렇기에 누군가는 컵을 보고 '예쁘다' 느끼고, 또 누군가는 '그저 흔한 컵'이라며 무심코 지나친다. 똑같은 컵을 바라보면서 이미 각자의 기억(과거) 속에 머무르거나 기대(미래)를 덧씌우는 것이다.

그러나 진정으로 컵을 본다는 것은, 그저 컵 그 자체로 존재하게 두는 것이다. 아무 판단도, 감정도 없이 그저 바라보는 순간에야 비로소 우리는 현재에 머물게 된다. 컵의 색감, 빛을 반사하는 유리의 반짝임, 그 차가운 감촉까지… 마치 그것이 세상에 존재하는 단 하나의 물체인 것처럼 바라보는 것이다. 그 순간, 우리는 컵을 통해 지금(현재)을 경험하게 된다.

지금 이 순간에 집중하기 위해서는 일상의 사소한 행동에 주목하는 것이 도움이 된다. 예를 들어 양치질할 때는 치약의 민트 향이 퍼지는 순간을 느끼고, 칫솔이 치아 사이를 지날 때의 작은 떨림을 느껴보자. 식사할 때는 따뜻한 밥알의 질감, 국물이 목을 타고 내려가는 온기를 음미해 보자. 걸을 때는 발바닥이 바닥에 닿았다가 떨어질 때의 미묘한 감각을 느끼고, 숨을 들이쉬고 내쉴 때 가슴이 천천히 부풀고 가라앉는 것을 지켜보자.

그렇게 할 때 머릿속을 가득 채웠던 걱정들은 서서히 물러나고, 지금 이 순간을 온전히 경험하게 된다. 또한, 나뭇잎이 바람에 살랑이며 춤을 추고, 마치 우리에게 인사를 건네는 것 같은 순간을 느껴보자. 그런 작은 장면 속에서도 현재에 머물 수 있다. 나뭇잎의 섬세한 움직임과 바람의 부드러운 손길이 만들어내는 그 순간을 있는 그대로 느껴보면, 우리는 자연스럽게 지금 이 순간과 연결된다.

"작은 경험들이 쌓일수록 우리는 현재에 머무르는 법을 배우게 된다."

행복은 거창한 목표나 성취에 있는 것이 아니라, 지금 이 순간을 온전히 경험하는 데 있다. 눈앞의 꽃이 흔들리는 것을 보고, 코끝에 스치는 바람을 느끼며, 누군가의 따스한 미소를 마주하는 그 순간에 우리는 비로소 행복을 느낀다. 행복을 느낄 시간은 늘 '지금'뿐이다. 과거의 실수나 미래의 걱정에 머무르지 않고, 현재에 마음을 두었을 때 비로소 우리는 평온을 찾을 수 있다.

"현재에 집중하지 않으면 뇌는 불안을 키운다."

　물론 생각이 자연스럽게 과거나 미래로 흘러갈 때도 있다. 그럴 땐 자신을 탓할 필요가 없다. 중요한 것은 그런 순간을 알아차리고 다시 현재로 돌아오는 것이다. 이 반복이 점점 더 현재에 머무는 습관을 만들어 준다. 그리고 그 습관이 우리에게 평화와 행복을 가져다준다. 매일, 매 순간 온전히 존재하는 연습을 하자. 오늘도, 지금도, 그 순간들이 모여 행복을 만든다.

걱정의 90%는 쓸데없는 것이다

예전에 새로운 팀 프로젝트에서 중요한 역할을 맡은 적이 있다. 당시 나는 열심히 준비하면서도 큰 불안과 염려 때문에 긴장된 마음으로 하루를 보냈다. '내가 잘할 수 있을까? 이 많은 일은 언제 다하지?'란 걱정에 잠조차 설쳤다. 그런데 막상 프로젝트가 본격적으로 시작된 후 내 걱정과 달리 팀원들과의 협업이 잘 이루어졌고, 내가 우려했던 문제들은 전혀 발생하지 않았다.

지금까지 그 경험은 나에게 새로운 자신감을 안겨주었다. 인간이 하는 걱정의 90%는 쓸데없는 걱정이란 말이 있다. 실제로 우리가 걱정하는 대부분의 일들은 일어나지 않으며, 현실로 이어지지 않는다.

소통 전문가이자 저명한 강사로 활동하는 김창옥 교수의 강연을 들은 적이 있다. 김창옥 교수는 "사람들이 불안과 걱정 때문에 필요 이상의 준비를 한다"라면서 "그 불안이 오히려 자신을 지치게 하고 실질적인 도움은 되지 않는다"라고 말했다. 그러면서 과거 연탄을 사용할 때의 경험을 떠올리며 "그때는 필요할 때, 필요한 만큼만 샀다"라고 언급했다. 즉 '번개탄 다섯 개만 사 오라'는 어머니의 지시처럼, 필요 이상의 것을 준비하지 않았다는 것이다.

결국 그가 전하려는 핵심은 '**지나친 걱정과 준비가 우리의 에너지를 낭비하게 하고, 삶의 질을 떨어뜨린다**'라는 것이다.

우리는 어른이 되면서 점점 더 많은 생각과 걱정에 사로잡힌다. 불확실한 미래를 대비하려는 본능, 완벽하게 해내고 싶다는 욕구가 우리를 불안하게 만든다. 인간의 뇌는 잠재적인 위험을 예측하고 대비하는데, 이러한 본능은 생존에 필수적인 역할을 했지만, 현대 사회에서는 오히려 불필요한 걱정을 만들어낸다. 우리가 걱정하는 수많은 시나리오 중 대부분은 실제로 일어나지 않으며, 설령 일어난다 해도 그 영향은 우리가 생각하는 것만큼 크지 않다.

"걱정에서 벗어나기 위한 첫걸음은, 이 사실을 인식하는 것이다."

나 역시 내가 걱정한 대부분이 일어나지 않는다는 것을 깨달았을 때 쓸데없는 걱정에 에너지를 낭비하지 않게 되었다. 실제로 나는 하루에 30분씩 시간을 정해 '몰아서 걱정하기'를 시도했다. 이는 나만의 방법이었다. 우리는 항상 미래의 불확실성에 대비하려 하지만, 가끔은 지금 이 순간에 집중하는 것이 필요하다.

나는 걱정이 몰려올 때마다 극심한 스트레스를 받는다. 이건 현재도 진행 중이다. 걱정이 극한으로 몰아칠 때야 나는 마음의 평안을 찾고자 혼자만의 공간에 들어가 생각을 되짚는다. '역으로 가보는 것'이다. 지금 이 순간, 걱정에 휩싸여 마음이 불안정한 이유를 거슬러 올라가며, 그 본질을 찾아내려 한다.

이러한 방식은 '인지적 재구성(Cognitive Restructuring)'이란는 심리학 기법으로, 자신의 부정적인 감정(생각)을 더 깊이 탐구하여 그 원인을 분석하고 재구성하는 과정이다. 이는 불안감을 해소하고, 스스로에 대한 이해를 높이는 데 큰 도움이 된다. 더 쉬운 예로 축구 경기에서 페널티 킥을 시도하려는 선수가 실패할 수 있다는 부정적 생각이 아닌, 과거 성공한 기억을 떠올리며 긍정적인 생각을 하는 것도 해당된다.

나는 해질녘 공원을 걸으며 차가운 바람이 얼굴에 닿는 순간, 복잡했던 생각들이 서서히 흩어지고, 불안 대신 마음속에 평온이 찾아오는 것을 느낄 수 있었다. 대부분 걱정은 미래에 대한 불확실성에서 비롯되기에, 현재의 순간에 집중함으로써 그 걱정에서 벗어날 수 있다. 예를 들어 심호흡을 하며 자신의 호흡에 집중하거나, 주변의 소리를 하나하나 들어보는 것이다.

"현재에 집중하는 작은 연습들이 쌓이면, 걱정으로부터 자유로워지는 데 큰 도움이 된다."

생각을 정리하고 걱정을 줄이는 다른 방법은 '행동으로 옮기는 것'이다. 걱정은 머릿속에서만 맴돌 때 더 커지기 마련이다. 김창옥 교수가 언급한 '필요할 때, 필요한 만큼만'이란 말처럼 걱정을 행동으로 바꾸는 것이 중요하다. 중요한 일이 걱정된다면 그것을 위해 무엇을 할 수 있을지 구체적으로 생각하고 작은 행동이라도 시작하자.

앞서 말한 것처럼 과거에 나는 중요한 프로젝트로 불안해하는 한편 '작은 준비'부터 시작했다. 첫 회의에 앞서 자료를 정리하거나 예상 질문들을 미리 준비하는 것만으로도 내 불안감은 크게 줄어들었다.

"걱정하는 것과 준비하는 것은 아예 다르다."

나는 구체적인 행동을 통해 통제감을 되찾았고, 그 결과 걱정보다는 자신감을 얻을 수 있었다. 아직 모르는 결과를 걱정할 것이 아니라, 지금 당장 필요한 것을 준비해야 한다.

또한, 걱정을 완전히 없애려는 것보다는, 걱정을 삶의 일부로 받아들이는 것이 필요하다. 걱정은 우리에게 중요한 것들에 집중하도록 돕는 역할을 하지만, 그 걱정이 우리를 지배하게 해서는 안 된다. 때로는 자연 속에서 시간을 보내거나, 좋아하는 책을 읽으며 걱정을 잠시 내려놓는 것도 큰 도움이 된다.

이러한 연습을 통해 우리는 마음의 평온을 되찾고, 오늘 하루를 더 충실하게 살아갈 수 있다. 물론 걱정은 우리 삶의 일부이며, 중요한 감정이다. 중요한 일에 대해 걱정하는 것은 그만큼 그 일이 나에게 중요하다는 의미다. 그러나 걱정이 우리를 압도하지 않도록 걱정을 있는 그대로 바라보고 흘려보내는 연습이 필요하다.

"걱정은 우리를 돕는 도구일 뿐, 우리를 지배하는 주인이 되어선 안 된다."

다시 말하지만, 걱정의 대부분은 실제로 일어나지 않는다. 그러니 마음의 무게를 덜고 오늘을 더 의미 있게 살아가자.

불안은 때로
나를 성장시키는 자산이다

나는 자주 불안을 느끼며 살아왔다. 어린 시절, 새로운 친구들과 어울릴 때나 발표회 무대에 올라설 때, 선생님이 내 번호를 부르며 수학 문제를 풀라고 했을 때면 온몸이 굳고 숨조차 쉬기 힘들었다. 그런데 나는 내향적인 면이 있는 동시에 외향적인 면도 있어서 친구들과 관계를 잘 맺을 수 있었다. 나에게 있어서 불안은 무언가를 더 잘하고 싶다는 '도전의 동기'가 되었고, 나는 내 사람들을 지키기 위해 때로는 겁이 나도 낯선 상황에서 용기를 발휘했다.

성인이 된 지금도 불안은 내 삶의 일부로 남아 있지만, 이를 정리하고 차분하게 대처하는 과정을 통해 성장할 수 있었다. 불안은 우리에게 위험을 경고하고 대비하게 하는 중요한 감정이다. 그러나 불안이 너무 커지면 우리 삶을 지배하기에 극복해야 한다. 대부분의 사람들은 끝없는 경쟁과 완벽해야 한다는 압박 속에서 불안을 느끼며 살아간다. 이러한 불안은 결국 우리의 행동을 제약하고, 자신을 작게 만드는 결과를 낳는다.

불안이 우리를 지배하지 않게 하려면 먼저 불안의 원인을 파악하고, 불안을 느낄 때 '생각 반박하기' 기법을 활용해 보는 것이 좋다. 만약에 '이 일이 실패하면 모든 것이 끝이야'라는 생각이 든다면 '설령 이 일이 실패해도 내가 배울 수 있는 것이 많을 거야'라고 반박해 보자. 이런 방법은 불안에 대한 극단적 생각을 보다 긍정적이고 현실적으로 바라보게끔 도와준다.

나 역시 불안에 시달릴 때 그 걱정을 글로 써서 생각을 정리했다. 이렇게 불안을 직접 눈으로 볼 수 있도록 정리하면 막연했던 불확실성이 조금씩 가라앉고, 문제를 더욱 명확하게 파악할 수 있게 된다.

"불안을 줄이려면 생각을 정리하고, 자신을 받아들이는 자

세가 필요하다."

중요한 건 '지금 이 순간에 집중하는 것'이다. 불확실한 미래에 대해 모든 가능성을 걱정하는 것은, 결국 스스로를 소모시키는 일일 뿐이다. 지금 이 순간에 집중하는 연습이 필요한 이유가 여기에 있다.

심리학자들에 따르면 "불안을 직면하고, 솔직하게 대응하며, 생각을 정리하는 것이 불안을 통제하는 데 효과적"이라고 한다. 이는 자신이 처한 상황을 인정하고, 완벽하지 않음을 받아들이며, 이를 구체적으로 정리하는 자세에서 비롯된다. 이러한 접근은 불안을 피하려 하지 않고 그 안에서 자신을 지키는 방법을 찾는 것에 가깝다.

과학적으로도 불안을 회피하지 않고 맞서는 태도는 뇌의 감정 조절 능력을 강화해서 점차 불안이 줄어드는 긍정적인 변화를 만들어낸다.

실제로 나는 회의 중 불안했을 때 솔직하게 '아직 잘 모르겠다'라고 말한 후 최선을 다해 문제를 해결하려 했다. 이러한 솔직한 태도는 불안을 인정하고 대처하는 데 도움이 되었다. 심리학적으로도 '자신을 있는 그대로 받아들이는 태도'는 불안을 없애는 데 효과적임이 입증되었다.

그밖에 규칙적인 운동과 호흡 명상, 건강한 식습관 유지 등 생활 습관의 개선도 불안을 줄이는 데 큰 도움을 준다. 이 말이 뻔하게 들릴 수도 있고, 생각 정리와 무슨 상관인가 싶겠지만, 이 뻔하디뻔하다 싶은 것들이 실제로 생각 정리에 효과가 있음을 분명히 느낄 수 있다.

예를 들어 규칙적인 운동은 스트레스 호르몬을 줄이고 엔도르핀을 증가시켜 기분을 좋게 만든다. 정말 해봐야 안다. 처음엔 귀찮고 어렵게 느껴질 수도 있지만, 한번 해보면 그 효과를 몸소 체험할 수 있다.

"중요한 것은 불안을 체계적으로 정리하고 관리해서 나를 성장시키는 자산으로 바꾸는 것이다."

나에게 있어서 불안은 도전이었다. 나는 불안과 함께 걷되, 그 길에서 자신을 잃지 않는 것이 진정한 지혜라는 것을 배웠다. 그리고 내 사람들에게 용기를 주며 그들의 삶이 달라지는 모습을 보았을 때, 불안이 단지 나를 위한 것이 아니라는 것을 깨달았다. 그러므로 불안과 함께 살아가되, 그것이 나를 지배하지 않도록 해야 한다.

불안은 우리를 멈추게 할 수도 있지만, 때로는 앞으로 나아가게 하는 원동력이되기도 한다.

05
망각, 새로운 삶을 향해 나아가라

철학자 니체(Nietzsche)가 '인간은 망각의 동물'이라고 했듯이 우리의 기억력은 한계가 있고, 시간은 빠르게 흘러간다. 망각(忘却)이란 어떤 일이나 사실을 잊어버린다는 뜻으로, 모든 생물의 두뇌에 자연스레 일어나는 현상이다. 지능이 높은 인간도 예외가 아니다. 우리는 망각 작용으로 어떤 기억도 시간이 지날수록 흐려지고, 아예 머릿속에서 잊히기도 한다.

사실 우리 인생의 80%는 잊어도 좋은 것들이며, 중요한 20%만 기억하면 된다고 한다. 실제로 분노나 미움, 복수심 같은 부정적인 감정들은 잊는 것이 건강에도 좋다.

나는 어린 시절에 새로운 환경이 두려워 울기도 했고, 시험 전날엔 밤을 새우며 걱정했었다. 하지만 그런 불안들은 시간이 지나면서 기억 속에서 점점 희미해졌다. 오늘의 불안도 그렇게 사라질 것이다. 지금 느끼는 불안이 얼마나 큰지 몰라도, 시간이 지나면 그 감정조차도 흐려지고 언젠가 잊힐 것이다. 이게 바로 내가 말하는 '망각의 힘'이다.

내가 사용하는 '생각 정리법'은 단순하다.

첫째, 불안을 바라보되 일시적이라는 사실을 인식한다.
불안은 그 순간에는 모든 걸 잠식할 것 같지만, 시간이 지나면 그 강도는 자연스럽게 줄어들고 사라진다. 과거의 경험을 돌이켜보면 알 수 있다. 당시엔 너무도 절박하게 느껴졌던 문제들이 이제는 별것 아니었던 것처럼 여겨진다. 망각은 우리에게 주어진 일종의 선물이다. 나는 불필요한 불안과 걱정은 점차 희미해지도록 두고, 정말로 기억하고 싶은 것만 선택적으로 남긴다.

둘째, 감정의 무게를 줄인다.
누구나 실수했던 일로 불안에 시달린 적이 있을 것이다.

그때는 그 실수가 모든 것을 망칠 것처럼 느껴졌지만, 시간이 지나면서 그 불안은 점점 사라지고, 결국엔 별일 아니라는 것을 깨닫는다. 사람들은 누구나 실수를 하고, 그 실수는 시간이 지나면서 사람들의 기억 속에서 점차 사라진다. 나도 그렇게 내 실수를 가볍게 여기고, 시간이 해결해 줄 것을 믿는다. 지금의 불안도 마찬가지다. 시간이 흐르면 이 또한 잊힐 것이고, 다시 평온을 찾게 될 것이다.

셋째, 망각의 힘을 믿고 앞으로 나아간다.

만약 모든 불안과 걱정을 영원히 기억한다면, 우리는 아마 한 걸음도 내딛지 못했을 것이다. 하지만 나는 망각을 통해 새로운 시작을 할 수 있고, 다시 도전할 수 있다고 믿는다. 오늘 느끼는 불안이 얼마나 크든, 그것은 언젠가 희미해질 것이고, 지금의 감정에 얽매이지 않아도 괜찮다.

이것이 바로 나만의 '생각 정리법'이다. 불안을 두려워하지 않고, 망각을 나의 도구로 삼아 더 나은 내일을 준비하는 것. 그래서 불안을 느낄 때 나는 스스로에게 이렇게 말한다.

"지금의 불안도 시간이 지나면 사라진다."

당신도 망각의 힘을 믿고, 지금 이 순간을 버텨내면 된다. 시간이 지나면 지금의 불안은 잊힐것이고, 그 자리에 새로운 희망과 평온이 자리 잡을 것이다. 망각의 힘은 그렇게 나를 앞으로 나아가게 돕는다. 지금 이 순간이 아무리 버겁더라도, 결국엔 지나갈 것이고, 우리는 더 나은 내일을 맞이하게 될 것이다. 망각의 힘은 단순히 잊는 것이 아닌 새로운 삶을 위해 중요한 역할을 한다.

　고대 로마의 시인 호라티우스(Horatius)는 망각에 대해 이렇게 말했다. "망각은 삶의 고통을 덜어주는 신의 선물이다." 이처럼 망각은 우리가 삶의 무게를 견딜 수 있도록 돕는 중요한 도구다. 인류 역사상 최고의 천재 중 한 명인 아인슈타인(Einstein)도 비슷한 이야기를 했다. 그는 "기억보다 더 중요한 것은 상상력이다. 기억은 과거를 반영하지만, 상상력은 미래를 만든다"라고 말했다. 이는 우리가 불필요한 기억에 얽매이지 않고, 새로운 미래를 창조하는 데 집중해야 한다는 것을 의미한다.
　우리의 뇌는 생존을 위해 기억과 망각을 반복하며 학습한다. 즉 기억만 하려던 관점을 바꿔 망각의 힘을 이용해 새로운 생각과 마음을 지녀야 한다. 지능이 높은 사람들 중에서도 이를 활용해 '생각 정리'를 한 사례가 많다. 스티브 잡스(Steve Jobs)는 항상 단순함을 추구했는데, 그는 불필요한 것을 제거하고 중요한 것에만 집중함으로써 아이디어를 명확하게 정리했다. 레오나르도 다 빈치(Leonardo da Vinci) 역시 작은 노트에 늘 생각을 기록하며 아이디어를 정리했다. 이렇게 반복적으로 기록하는 습관은 창의성을 유지하는 데 큰 도움이 되었다.

"망각과 생각 정리는 단순히 잊는 것이 아니다."

나에게 불필요한 것을 버리고 중요한 것에 집중하는 과정이다. 이러한 과정을 통해 우리는 더 나은 내일을 맞이할 수 있다. 당신도 이런 방법을 통해 오늘의 불안을 가볍게 흘려보내고, 새로운 희망을 맞이하길 바란다.

06

멍때리는 순간, 쉼과 힘을 얻는다

매일 아침 출퇴근길, 붐비는 지하철 안으로 몸을 밀어 넣어 겨우 서 있을 자리를 잡는다. 빽빽하게 가득 찬 사람들 사이에서 모든 이가 고개 숙여 스마트폰을 만지작거린다. 저마다 눈앞의 작은 화면 속에 갇혀 시간을 보낼 찰나 지하철이 어둡고 답답한 지하에서 벗어나 한강 위로 달릴 때 사람들은 마치 약속이라도 한 듯 핸드폰을 내려놓고 고개를 들어 창밖을 바라본다.

특히 저녁 무렵, 지하철이 한강 위로 나올 때 눈앞에 펼쳐지는 풍경은 참으로 아름답다. 노을이 지며 붉은빛이 강물 위에 내려앉아 물결을 따라 반짝이는 윤슬을 만들어낸다. 붉게 물든 하늘과 한강 위를 스쳐 지나가는 그 짧은 순간, 마음 한구석에서 묘한 평화가 찾아온다. 그 짧은 '멍한 순간', 우리는 비로소 복잡한 생각에서 벗어나 숨을 돌리게 된다.

현대인들은 끊임없이 무언가를 보고, 듣고, 생각하며 쉴 틈 없이 살아간다. 그러나 진정한 휴식은 모든 활동을 멈추고 잠시 멍하니 있는 시간에서 시작된다.

나는 생각이 많을 때마다 머릿속 CPU가 과부하 되는 느낌을 받는다. 그래서 '멍때리기'를 일상의 한 부분처럼 해왔다. 이럴 때마다 나의 뇌는 마치 복잡한 연산을 멈추고 스스로를 재정비하는 것 같았다. 실제로 어느 과학적 연구에 따르면 멍때리기는 뇌의 디폴트 모드 네트워크(Default Mode Network)를 활성화시켜 뇌가 효율적으로 쉬도록 돕는다고 한다. 이는 창의성과 문제 해결 능력을 증대시키는 역할을 한다.

또한 어느 심리학 연구에 따르면 멍때리기를 할 때 뇌의 과부하가 줄어들고, 스트레스 호르몬인 코르티솔의 수치도 감소한다고 한다. 이런 과학적 근거는 내가 멍 때리기를 통해 느꼈던 평온함을 뒷받침해 준다.

"멍 때리기는 단순한 게으름이 아니다."

우리가 멍때리는 그 순간, 뇌는 재충전을 시작한다. 스마트폰의 알림을 확인하거나, 친구와 메시지를 주고받으며 끊임없이 자극을 받는 대신, 멍하니 있는 그 순간에 뇌는 과부하에서 벗어나 평화를 찾는다. 바로 그때, 복잡한 생각들에서 해방되고 마음속 깊은 곳에서부터 안정을 되찾게 된다. 일상에서 멍한 상태를 경험하는 것은 오히려 뇌에 힘을 주는 행위다.

과거 한강에서 열렸던 '멍때리기 대회'를 떠올려 보자. 참가자들은 그저 한자리에 앉아 멍을 때리고 있었다. 그들의 목표는 오로지 한 가지, 심박수를 안정된 상태로 유지하며 가장 오래 멍 때리기를 하는 것이었다. 이 대회에서 가장 유명한 참가자는 가수 크러쉬였다. 그는 시종일관 표정 하나 변하지 않고 앞만 바라보며 깊은 생각에 빠지지 않았다. 심지어 미녀 심박수 체크 요원이 다가와도 크러쉬는 미동도 없었다. 그의 집중력은 그 순간 그 누구도 흔들 수 없을 만큼 단단했다. 결국 크러쉬는 이 대회에서 1등을 차지하며,

진정한 '멍때리기'의 힘을 보여주었다. 그의 얼굴에는 잔잔한 미소조차 없었지만, 그 평온함이 보는 이들로 하여금 더 큰 감동을 자아냈다. 이처럼 멍때리는 것은 단순히 시간을 허비하는 것이 아니라, 마음을 편안하게 하고 뇌를 재충전하는 중요한 과정임을 증명한 것이다.

　사람들은 흔히 '생산적이지 않다'라는 이유로 멍한 시간을 비난하기도 한다. 그러나 멍하게 있는 그 시간이야말로 뇌가 스스로 정돈하고 재충전할 수 있다. 심박 변이도 검사를 통해 확인된 바에 따르면, 멍때리기를 할 때 심박 변이도가 높아진다. 심박 변이도가 높을수록 몸과 마음이 안정된 상태를 나타낸다.

　따뜻한 햇살 아래에서 느껴지는 햇볕의 따스함에 집중하거나, 살랑이는 바람과 도시의 소음, 그리고 자연이 가져다주는 소리를 느끼는 것. 이러한 순간들은 우리가 일상에서 쉽게 지나쳐버리지만, 진정한 휴식을 경험하게 해준다. 이때 우리의 뇌는 그저 존재하는 것만으로도 충분하다는 사실을 깨닫는다.

"멍때리는 동안 우리의 뇌는 강력해진다."

'생각의 소음'에서 벗어나면서 창의성과 통찰력은 더욱 살아난다. 멍때리기를 통해 얻게 되는 평온은 단순히 기분 전환에 그치지 않는다. 그것은 나를 둘러싼 복잡한 세상에서 잠시 벗어나, 나 자신을 돌아보고 재정비할 수 있는 시간이다. 멍때리는 시간은 자신의 내면을 돌보고 마음을 다독이는 소중한 시간이다. 눈앞의 무수한 할 일들 속에서 잠시 멍을 때리는 순간이야말로 진짜 나를 위한 휴식이다.

이제 잠시 멍해져 보자. 손에서 스마트폰을 내려놓고 눈앞의 풍경을 바라보자. 바쁜 하루 속에서도 멍때리는 시간은 뇌에 쉼과 힘을 동시에 준다. 그 힘은 바로 우리가 더 나은 하루를 살아갈 수 있도록 만들어주는 원동력이다. 오늘도 잠시 멍하니 있어 보는 것은 어떨까? 멍때리는 그 순간, 우리는 진정한 의미의 휴식을 경험하게 될 것이다.

07
먼저 진정한 사고의 힘을 갖춰라

생각(사고)은 우리가 세상을 바라보는 창문과 같다. 어떤 창문을 선택하느냐에 따라 삶의 모습이 달라진다. 많은 사람들은 부정적인 생각을 억누르고 없애는 것이 강한 사고방식이라고 생각하지만, 진정한 사고(思考)의 힘은 그 생각을 이해하고 받아들여서 성장하는 데 있다. 때로는 부정적인 생각도 나의 일부라는 사실을 인정하고, 이를 나에게 유익한 방식으로 전환하는 능력이야말로 진정한 사고의 힘인 것이다.

따라서 '생각을 명확히 정리한다'라는 건 단순히 잡념을 없애는 것이 아니라, 그 생각 안에 숨겨진 의미를 이해하고,

자신의 삶을 더 나은 방향으로 이끄는 지혜를 찾는 것이다. '잘못 알고 있는 사고의 힘(A)'과 '진정한 사고의 힘(B)'의 차이를 통해 '어떻게 내면을 더 강하게 만들 수 있을지'에 대해 살펴보겠다.

A1. 부정적인 생각 밀어내기

대개 '강한 사고'란 부정적인 생각을 없애고 언제나 차분하고 이성적으로 대처하는 것이라고 여긴다. 머릿속의 부정적인 생각을 억지로 밀어내는 것이 이상적으로 보이지만, 그 과정에서 '진정한 나'를 놓칠 수 있다. 진정한 강함은 부정적인 생각을 수용하고, 그 안에 담긴 감정과 메시지에 집중하여 나를 성장시키는 자양분으로 바꾸는 데 있다.

B1. 모든 생각을 수용하고 이해하기

진정한 사고의 힘은 부정적인 생각을 억누르거나 회피하는 것이 아니다. 오히려 그 생각을 충분히 인식하고 받아들이는 데서 시작된다. 특히 부정적인 감정까지도 껴안는 용기가 바로 '내면의 강함'을 보여준다. 이러한 생각을 수용하는 태도가 스트레스를 줄이고 회복탄력성(Resilience)을 높이는 데 큰 도움이 된다.

미국의 심리학자 크리스토퍼 거머(Christopher Germer)는 마음 챙김 기반 수용 치료 를 통해 "부정적인 생각을 억제하려 하지 않고, 오히려 현재의 생각과 감정을 있는 그대로 받아들이는 것이 중요하다"라고 강조했다. 이러한 접근법은 명상이나 심호흡과 같은 간단한 기법을 통해 부정적인 생각을 자연스럽게 흘려보내는 연습을 포함한다.

만약 부정적인 생각이 든다면 억누르지 말고 먼저 '왜 이런 생각이 들까?' 스스로에게 질문하고, 그 생각을 '마음의 손님'으로 받아들이자. 이러한 방식은 생각을 억누르지 않고 이해할 수 있게 도와주며, 그 과정을 통해 부정적인 생각은 나를 성장시키는 도구로 변한다.

A2. 무조건적인 인내와 끈기

어려움을 견디고 포기하지 않는 것을 '강한 사고'라고 여기지만, 단순히 버티는 것은 더 큰 상처를 남길 뿐이다. 때로는 유연한 생각으로 상황에 따라 나만의 방식으로 문제를 풀어가는 것이 진정한 힘을 발휘한다. 진정한 사고의 힘은 마치 바람에 몸을 맡기듯 부드럽게 휘어질 줄 아는 유연함에서 나온다.

B2. 회복력과 자기 돌봄

진정한 사고의 힘은 다시 일어설 수 있는 회복력에 있다. 이러한 회복탄력성은 어려운 상황에서도 나의 균형을 잃지 않고 자신을 돌보며 다시 힘을 내는 능력이다.

심리학자 캐롤 드웩(Carol Dweck)의 성장 마인드셋(Growth Mindset) 이론에 따르면 **실패를 경험할 때 이를 개인의 한계로 받아들이기보다는 성장의 기회로 인식하는 것이 중요하다**고 한다. 또한, 다른 심리학 연구에서는 '일상적인 자기 돌봄'의 중요성을 강조한다.

예를 들어 매일 아침 자신을 위한 짧은 산책을 하거나, 감사의 일기를 쓰는 것만으로도 정신적 회복력을 높이는 데 큰 도움이 될 수 있다. 바람에 휘청거려도 뿌리를 굳건히 지키며 다시 일어서는 나무처럼, 진정한 사고의 힘은 어떤 상황에서도 자신을 되찾고 다시 일어설 수 있는 능력에서 나온다.

A3. 모든 환경에 적응한다.

강한 사고란 어떤 변화에 빠르게 대응하고, 외부의 영향을 최소화하는 모습이 이상적으로 보일 수 있다. 그러나 단순히 적응하기만 해서는 나만의 색깔을 잃고 흐려질 수 있다. 진정한 강함은 환경에 휩쓸리지 않으면서도 자신만의 색깔을 지키며 균형을 찾는 데 있다.

B3. 환경에 유연하되 자신을 지킨다.

진정한 사고의 힘은 단순히 환경에 적응하는 것이 아니라, 그 속에서 자신만의 리듬을 찾아가는 데 있다. 즉 나의 주체성을 지키며 균형을 유지하고, 환경과 부드럽게 호흡하며 나만의 길을 걸어가는 것이 중요하다.

심리학자 브론펜브레너(Urie Bronfenbrenner)의 '생태학적 체계 이론'에 따르면 **우리의 사고는 사회적, 환경적 요인들과 끊임없이 상호작용을 하는 과정에서 균형을 이뤄야 한다**고 말한다. 즉 우리는 사회적 환경에 따라 영향을 받지만, 동시에 자신을 지키고 나아가는 힘을 발휘해야 한다.

예를 들어 직장에서 무작정 압박을 견디는 것이 아니라, 자신만의 페이스를 찾고 그에 맞춰 환경과 상호작용하는 유연성을 발휘하는 것이 중요하다. 자율성을 유지하면서도 환경과 함께 유연하게 춤을 추듯 상호작용하는 것이 진정한 사고의 힘이다.

A4. 독립적이고 도움을 요청하지 않는다.

사고의 강함을 독립적이고 타인에게 의존하지 않는 것으로 생각한다. 즉 문제를 스스로 해결하고 도움을 요청하지 않는 것이 강한 사람의 모습으로 보일 수 있다.

B4. 지지받고 관계를 맺는다.

진정한 사고의 힘은 모든 것을 혼자 해내는 것이 아니라, 필요할 때는 도움을 요청하고, 주변의 지지를 받아들이는 데 있다. 사회적 연결은 회복력을 높이고, 어려운 순간에도 다시 일어서는 큰 힘이 된다. 건강한 관계를 맺고 상호 지지를 이루는 것이 진정한 사고의 힘이다.

A5. 실패를 두려워하지 않는다.

실패를 두려워하지 않고, 실패하지 않기 위해 최선을 다하는 것이 강함이라고 생각한다. 즉 실패를 두려워하지 않고 도전을 이어가는 모습이 강한 사람의 이미지로 보일 수 있다.

B5. 실패를 받아들이고 계속 배운다.

진정한 강함은 실패를 두려워하지 않는 것뿐만 아니라, 실패에서 배우고 성장하는 데 있다. 실패를 자신의 일부로 받아들이고, 그 경험을 발판 삼아 나아가는 것이 진정한 강함이다. 실패를 통해 우리는 더 단단해지고, 넓은 시각으로 세상을 바라볼 수 있다.

지금까지 살펴본 것처럼 '진정한 사고의 힘'은 자신의 약점을 수용하고, 삶에 대한 용기를 가지고, 내면의 소리에 귀 기울이며 나아가는 것이다. 외부의 기대나 사회적 기준에 맞추려 애쓰지 않고, 자신의 생각을 인정하며 자신만의 길을 걸어가는 것이야말로 '진정한 강함'이다. 부정적인 생각도, 실패도 모두 자신의 일부로 받아들이며 앞으로 나아가는 용기, 그것이 우리가 지녀야 할 진정한 사고의 힘이다.

08
필요한 정보에만 집중하라

우리는 흔히 더 많은 정보가 더 나은 선택으로 이어질 것으로 생각한다. 그렇지 않다. 너무 많은 정보는 오히려 머릿속을 복잡하게 만들어 결정을 어렵게 한다. 이럴 때 우리는 '정보 과부하'에 빠지는데, 우리가 선택을 잘 내리지 못하게 하는 큰 원인이 된다.

예를 들어 온라인 쇼핑을 할 때 수많은 상품 리뷰와 평점을 확인하다 보면 점점 더 혼란스러워지고, 어떤 것을 사야 할지 결정하기 어렵다. 결국 시간만 낭비하고 스트레스가 쌓이게 된다.

"정보가 많다고 해서 선택을 더 잘하는 것은 아니다."

때로는 꼭 필요한 정보만 가지고 단순하게 선택하는 것이 더 좋은 결과를 가져온다. 중요한 것은 정보를 선별해서 필요한 만큼만 취하는 것이다. 너무 많은 정보를 고려하면 오히려 결정을 내리지 못하는 경우가 많다. 뭔가를 선택할 때는 필요한 정보에만 집중하는 것이 중요하다.

정보 과부하를 해결하기 위한 다섯 가지 방법을 소개한다.

1. '정보 과부하 신호' 인식하기

생각이 복잡해지고 선택이 어려워질 때, 그것이 정보 과부하의 신호일 수 있다. 그럴 때는 멈추고 '지금 너무 많은 정보를 보고 있는 건 아닐까?'라고 스스로에게 물어보라. 자신이 정보에 압도당하고 있다는 걸 알아차리는 것이 첫 번째 단계다.

2. 필요한 정보만 선택하기

모든 정보를 다 받아들이지 말고, 자신에게 필요한 정보만 선택하라. 예를 들어 과제를 할 때 모든 자료를 다 읽기보다는 '중요한 부분'만 골라내는 것이 훨씬 효율적이다.

3. 정보 수집에 시간제한 두기

정보를 계속 모으다 보면 결정을 미루게 된다. 그러니 정보를 찾는 데 너무 많은 시간을 쓰지 않도록 '이제 10분만 더 찾아보고 결정을 내리자'와 같은 시간제한을 두는 것이 좋다.

4. 올바른 도구 사용하기

정보를 정리하고 관리하는 데 도움이 되는 도구나 앱을 사용하라. 메모 앱이나 체크리스트 앱을 사용하면 필요한 정보를 깔끔하게 정리할 수 있어 머릿속도 한결 가벼워진다.

5. 커뮤니케이션 관리하기

스마트폰 알림이나 메시지, 이메일 때문에 집중이 흐트러지기 쉽다. 알림을 필요한 것만 남기고 나머지는 꺼두면 불필요한 정보에 휘둘리지 않고 중요한 것에 집중할 수 있다.

"결국 중요한 것은 '덜어내기'이다."

모든 정보를 다 가지려 하지 말고, 나에게 진짜 필요한 것만 남기는 것이다. 이렇게 하면 더 나은 결정을 내릴 수 있으며, 마음도 더 편안해질 것이다. 이제부터 너무 많은 정보에 휘둘리지 않도록 '필요한 것'만 남기고, 나머지는 과감히 덜어내는 연습을 해보자. 그렇게 하면 복잡한 세상 속에서도 자신만의 길을 더 쉽게 찾을 수 있을 것이다.

09

때로는 가벼운 결정이 필요하다

무언가를 결정하는 것이 너무 어려울 때, 동전을 던져보는 것도 좋은 방법이다. 동전 던지기는 우리의 마음속에 숨겨진 진짜 의도를 깨닫게 해주는 도구가 될 수 있다. 동전이 앞면인지, 뒷면인지 결과를 보는 순간 우리는 '진정으로 원하는 것'을 알아차리게 된다. 만약 동전의 결과가 마음에 들지 않는다면, 그 순간 우리는 자신이 정말로 원하는 것이 무엇인지를 깨닫는다.

동전 던지기를 통한 결정은 감정적이고 비합리적인 선택으로 보일 수 있지만, 이것은 우리가 '직관'을 믿고 따르는 방식이다. 대부분의 사람들은 이미 마음속에 '정답'을 알

고 있으나 너무 많은 생각과 고민이 그 답을 흐리게 만들
곤 한다.

**"동전 던지기를 통해 머릿속 복잡한 생각을 덜어내고, 본능적
으로 느끼는 방향을 찾을 수 있다."**

예를 들어 주말에 어디로 놀러 갈지 결정하지 못할 때 동
전을 던져 보자. 만약 그 결과가 마음에 들지 않는다면, 그
로 인해 당신이 진정으로 가고 싶은 곳이 어디인지를 알 수
있다. 이처럼 동전 던지기는 단순히 운에 맡기는 것이 아
니라, 우리의 감정과 직관을 더 명확하게 드러내는 역할
을 한다.

또한, 동전 던지기는 결정을 내리는 시간을 줄이는 데 큰
도움이 된다. 많은 결정을 할 때 시간이 오래 걸리는 이유는
다양한 선택지 사이에서 고민하기 때문이다. 이때 동전을
던지면 고민할 시간을 줄이고, 결정을 빠르게 내릴 수 있다.

**"신속한 결정을 통해 또 다른 중요한 일에 더 많은 시간을
쓸 수 있다."**

물론 동전 던지기를 너무 자주 사용하거나 모든 결정을 동전에 의존해서는 안 된다. 중요한 결정일수록 신중하게 생각해야 하지만, 일상적인 사소한 선택에서는 동전 던지기가 유용한 도구가 될 수 있다. 예를 들어 오늘 점심 메뉴를 선택하거나 주말에 어떤 활동을 할지 결정할 때 동전을 사용하면 불필요한 고민을 덜 수 있다.

이 방법은 직관적인 결정을 내리는 연습에도 도움이 된다. 현대 사회에서는 이성적이고 논리적인 판단이 강조되지만, 때로는 직관을 따르는 것이 더 나은 선택일 수 있다. 동전 던지기를 통해 우리는 직관을 연습하고, 본능적인 결정을 신뢰하는 법을 배울 수 있다. 이는 궁극적으로 우리가 더 자신감 있게 결정을 내리고, 삶의 다양한 상황에서 더 가볍고 자유롭게 행동할 수 있도록 도와준다.

동전 던지기를 통해 얻을 수 있는 또 다른 이점은 '가벼운 결정'이다. 우리는 종종 결정에 너무 큰 의미를 부여하고, 그로 인해 압박감을 느낀다. 하지만 동전 던지기를 통해 결정을 내릴 때는 그 과정이 훨씬 가볍고 재미있게 느껴질 수 있다. 이는 우리에게 선택이 꼭 무겁고 어려운 것이 아니라, 때로는 단순하고 즐거울 수 있다는 것을 일깨워준다.

"중요한 것은 결정을 내리는 데 있어 자신을 믿는 것이다."

동전 던지기는 그저 하나의 도구일 뿐, 실제로 결정을 내리는 것은 우리 자신이다. 동전의 결과를 보고 느끼는 우리의 감정이야말로 진정한 답을 알려준다. 다음번에 결정을 내리기 어렵다면, 동전을 던져 보라. 그리고 그 순간 당신이 느끼는 감정에 귀를 기울여라. 그렇게 하면 지금까지 복잡했던 선택들도 더 쉽게 풀릴 수 있을 것이다.

10
남들과의 비교에서 벗어나라

'비교'는 인간의 본능적인 행동 중 하나다. 우리는 끊임없이 주변 사람들과 자신을 비교하면서 자신의 위치를 가늠한다. 이런 비교는 생존을 위해 중요한 역할을 해왔다. 이미 오래전 원시시대부터 자신의 능력과 다른 사람들의 능력을 비교해 무리 내에서의 역할을 파악하고, 생존에 필요한 자원을 확보할 수 있었다.

그러나 현대 사회에서 비교는 때로 불필요한 스트레스와 불안을 초래한다. 우리는 소셜 미디어를 통해 끊임없이 다른 사람들의 삶을 들여다보며 자신과 비교한다. 친구의 멋진 여행 사진, 동료의 승진 소식, 누군가의 완벽해 보이는 라이프 스타일을 보면서 '나는 왜 저렇게 못 할까?'라는 생각에 빠진다.

"비교는 우리의 자존감을 갉아먹고, 우리의 가치를 제대로 보지 못하게 만든다."

소셜 미디어 사용에 대한 연구로 아이오와주립대학교가 진행한 실험이 있다. 대학생 230명을 A, B 두 그룹으로 나누어 2주간 실시했다. A그룹은 소셜 미디어 사용을 하루 30분으로 제한했고, B그룹은 자유롭게 소셜 미디어를 사용했다. 그 결과, A그룹은 B그룹에 비해 불안, 우울, 외로움, 상실에 대한 두려움이 현저히 적게 나타났으며, 전반적인 삶의 만족도가 증가했다.

이 실험은 소셜 미디어를 통한 비교가 우리의 정신 건강에 얼마나 부정적인 영향을 미치는지를 명확히 보여준다.

"중요한 것은, 다른 사람과의 비교가 아니라 '나 자신과'의 비교다."

자신과의 비교는 긍정적인 변화를 이끌어낼 수 있는 좋

은 도구다. 어제의 나보다 오늘의 내가 조금 더 나아졌는 지, 내가 세운 목표에 얼마나 가까워졌는지를 살펴보는 것 이 중요하다. 이렇게 자신을 기준으로 삼으면, 남들과의 비 교에서 비롯된 불필요한 스트레스를 줄일 수 있다. 예를 들 어 운동할 때도 다른 사람의 체력이나 성과에 초점을 맞추 기보다는 자신의 진행 상황에 집중하는 것이 더 건강한 접 근이다.

비교를 줄이는 데 도움이 되는 몇 가지 방법을 소개한다.

1. 소셜 미디어 사용 줄이기

소셜 미디어는 다른 사람들의 삶을 편집된 모습으로 보여 주기에, 그들의 삶이 항상 완벽하고 행복해 보이게 만든다. 하지만 이는 현실의 일부일 뿐이다. 소셜 미디어에서 잠시 벗어나 자신만의 시간을 가지는 것은 비교에서 벗어나는 좋은 시작점이 될 수 있다. 한 유명 인플루언서는 자신이 소 셜 미디어를 떠나면서 얼마나 정신적으로 편안해졌는지를 밝힌 바 있다. 끊임없는 비교와 자기 비하에서 벗어나 자신 을 있는 그대로 받아들이는 법을 배워야 한다.

2. 감사 일기 쓰기

자신이 가진 것들에 감사하는 마음을 가지면, 남들과 비교하는 대신 자신이 가진 것의 가치를 더 잘 알 수 있다. 심리학자인 로버트 에몬스(Robert Emmons)는 감사 일기가 긍정적인 정서를 증대시키고, 스트레스를 줄이는 데 효과적이라는 연구 결과를 발표했다. 매일 자기 전에 세 가지 감사할 일을 적어보라. 사소한 것이라도 좋다. 이를 통해 우리는 현재의 삶에 대한 만족감을 느끼고, 비교로 인한 불안을 줄일 수 있다.

3. 목표 설정과 성취에 집중하기

다른 사람의 성공에 초점을 맞추기보다는, 나만의 목표를 세우고 그것을 이루기 위해 노력하는 것이 중요하다. 목표를 설정하고, 그것을 이루기 위해 한 걸음씩 나아가는 과정에서 우리는 자신만의 길을 걷는 기쁨을 느낄 수 있다. 이러한 과정을 통해 우리는 비교에서 벗어나 자신의 가치를 인정하고 자존감을 높일 수 있다.

4. 비교의 기준 바꾸기

비교 자체를 완전히 없앨 수는 없다. 하지만 '비교의 기준'을 바꾸는 것이 중요하다. 즉 남들과의 경쟁이 아니라, 나 자신의 발전과 성장을 기준으로 비교하는 것이다. 일본의 기업가이자 《왜 일하는가》의 저자인 이나모리 가즈오(Inamori Gazuo)는 '남과의 경쟁이 아니라 자신과의 싸움'을 강조하며, 이를 통해 성공적인 기업 문화를 만들어냈다. 따라서 비교의 기준을 나로 하면, 비교는 더 이상 나를 억누르는 것이 아니라, 나를 성장하게 하는 동력이 된다.

5. 자신의 가치를 인정하기

우리는 다른 사람과의 비교에서 나의 부족한 점만을 보게 된다. 하지만 우리 각자는 고유한 장점과 강점을 가지고 있다. 자신의 가치를 인정하고, 스스로에게 긍정적인 말을 건네는 것이 중요하다. 세계에서 가장 영향력 있는 유명인으로 선정된 오프라 윈프리(Oprah Winfrey)는 "자신을 꾸준히 격려하고, 긍정적인 태도를 유지함으로써 큰 성공을 이룰 수 있었다"라고 말했다. 그러니 우리도 '나는 내가 할 수 있는 최선을 다하고 있어'라는 말 한마디가 큰 힘이 될 수 있다.

비교는 우리 삶에서 완전히 없앨 수 없는 부분일지도 모른다. 그러나 그 비교를 어떻게 받아들이고 활용하느냐가 중요하다. 다시 강조하지만, 남들과의 비교에서 벗어나 '자신만의 길'을 걸어가라. 자신의 가치를 인정하고, 목표를 향해 나아가는 과정에서 진정한 행복과 만족을 찾을 수 있다. 더이상 남들과의 비교에 얽매이지 말고, 나만의 속도로, 나만의 방식으로 나아가라.

"오늘 내가 어제보다 조금 더 많은 거리를 달렸다면, 그것이 바로 성장이다."

11
손해를 피하려다 판단을 망친다

　상당수의 사람은 손해를 피하려고 계산적인 태도를 취한다. 그러나 이러한 본능을 억지로 고치려 하기보다는 자연스럽게 받아들이는 것도 필요하다. 자신의 본능을 이해하고 받아들이는 것만으로도 불필요한 고민에서 벗어날 수 있으며, 보다 편안하게 상황을 바라볼 수 있다.

　다니엘 카너먼(Daniel Kahneman)과 에이모스 트버스키(Amos Tversky)의 '손실 회피 성향(Loss Aversion)' 연구에 따르면 "사람들은 동일한 가치를 가진 이익과 손해 중, 손해를 더 크게 느끼기 때문에 피한다"라고 한다. 예를 들어 100만 원을 잃는 것이 100만 원을 얻는 것보다 더 큰 심리적 부담으로 다가오기에 손해를 피하려고 불리한 결정을 내리게 된다.

이는 투자의 세계에서도 자주 목격된다. 주가가 떨어질 때 손실을 피하려는 심리로 인해 서둘러 매도하지만, 시간이 지나 주가가 회복되는 경우가 많아 더 큰 이익을 얻을 기회를 놓친다.

손해를 피하려는 본능은 우리의 무의식적인 행동에 큰 영향을 미친다. 가령 어떤 결정을 내리기 전에 '해야 한다'라고 생각하면서도 쉽게 행동하지 못하는 이유는, 마음속 깊은 곳에서 그 결정을 회피하고 싶어 하기 때문이다.

"손해를 두려워하는 마음이 강하면, 오히려 중요한 결정을 미루게 된다."

따라서 손해를 두려워하지 않고 자신에게 진정으로 필요한 것을 선택하는 것이 중요하다. 즉 손해를 피하려는 마음을 억지로 없애려 하기보다는, 그 마음을 인정하고 받아들이는 것이다. 이러한 태도는 우리가 더 큰 목표를 설정하고 장기적인 성장을 이룰 수 있게 도와준다. **손해를 두려워하는 대신, 그로 인해 얻게 될 경험과 교훈에 집중하는 것이**

필요하다.

실제로 주차장에서 조금 더 먼 곳에 주차함으로써 스트레스를 줄여서 마음의 여유를 얻는 '작은 선택'들이 쌓이면, 우리의 삶의 질이 점차 향상될 수 있다. 이러한 '작은 실천'들은 우리의 일상에서 손해 회피에 대한 부담을 덜어주는 데 도움이 된다.

손해를 피하려는 본능에서 벗어나기 위한 다섯 가지 방법을 소개한다.

1. 장기적인 목표 설정하기

단기적인 손해보다 장기적인 이익에 집중하는 것은 우리의 판단을 더 이성적으로 만든다. 예를 들어 건강을 위해 오늘의 '작은 유혹'을 포기하는 것이 '더 큰 이익'으로 이어진다는 점을 이해하면, 손해에 대한 두려움도 줄어든다. 지금의 작은 불편함이 더 나은 미래를 위한 발판이 될 수 있음을 기억하라.

2. 손해의 두려움에 직면하기

손해를 두려워하는 것은 자연스러운 감정이지만, 그 두려움이 실제로 얼마나 큰 영향을 미치는지는 미지수다. 자기 자신에게 '이 손해가 나에게 정말 중요한가?'라는 질문은 손해에 대한 두려움을 줄이는 데 큰 도움이 된다.

3. 작은 손해를 받아들이기

작은 손해를 기꺼이 받아들이는 연습을 해보라. 예를 들어 친구와의 게임에서 지는 것이나 할인 상품을 놓치는 것이 큰 문제가 아님을 인식하는 것이다. 이는 우리의 정신적 회복력을 강화시킨다.

4. 손해와 이익의 균형 맞추기

손해와 이익을 모두 고려하여 균형 잡힌 결정을 내리는 것이 중요하다. 예를 들어 투자할 때 손실의 가능성을 고려하면서도 잠재적인 이익을 동시에 생각하는 것이다. 균형 잡힌 사고는 더 현명한 결정을 내리는 데 도움을 준다.

5. 결정에 대한 후회 줄이기

어떤 결정을 내리더라도 후회하지 않겠다는 마음을 가지는 것이 중요하다. 손해를 감수하고 내린 결정은 우리가 더 나은 사람으로 성장하는 데 큰 도움이 된다. 후회보다는 그 경험에서 배우고, 다음에는 더 나은 선택을 할 준비를 해라. 모든 결정은 성장의 밑거름이 될 것이다.

결국 손해를 피하려는 본능에 너무 얽매이면 더 큰 기회를 놓칠 수 있다. 그러므로 손해를 피하려는 것에만 집중하기보다는 장기적인 이익을 고려하고, 작은 손해를 감수하며, 더 큰 목표를 향해 나아가라. 작은 손해를 감수하고 더 큰 성장을 이루는 용기를 가져야만 진정으로 원하는 것을 이룰 수 있다.

12
작은 변화가 부정적인 생각을 없앤다

누구나 삶을 살아가면서 힘든 시기를 겪는다. 그 시기를 잘 극복하는 사람이 있는가 하면, 부정적인 생각의 수렁에 빠져 점점 자신감을 잃어가고, 무기력과 우울함에 빠지는 사람도 있다. 일단 '나는 할 수 없어'란 생각이 뿌리내리면 일상의 행동과 감정을 송두리째 지배하며, 우리가 앞으로 나아가지 못하게 하는 족쇄가 된다.

그렇다면 부정적인 생각을 긍정적으로 전환하여 마음가짐을 재설정하는 방법은 없을까? 나 역시 무엇이든 시작하려고 할 때마다 자신감이 바닥을 치며, 마치 벽에 부딪힌 듯 망설이고 포기했던 순간들이 있었다. 특히 새로운 일을 시도할 때마다 '실패할 것 같다'란 생각이 내 발목을 잡았다.

내가 시작한 '작은 변화'는 요리였다. 예전에 나는 요리가 어려웠고 자주 실패했다. 그러던 어느 날, 간단한 스크램블 에그를 만들어 보겠다는 결심에 시도했으나 결과는 실패였다. 그런데도 꾸준히 시도하다 보니 점점 실력도 늘었고, 어느새 맛있는 스크램블 에그를 만들 수 있게 되었다. 이런 '작은 성공'들이 쌓이자 점차 요리에 대한 자신감이 생겼다.

"나는 이걸 할 수 없어. → 나는 연습을 통해 배우고 개선할 수 있어."

이는 다른 일에서도 두려움을 버리고 도전할 용기를 내게 심어주었다. 언젠가부터 '연습을 통해 배우고 개선할 수 있다'라는 신념이 자리 잡은 것이다. 그 순간부터 내 삶의 많은 부분이 변하기 시작했고, 그렇게 하나씩 작은 발걸음을 내디디며 마침내 내가 목표한 것들을 이루게 되었다.

물론 그 과정에서 실수도 있었다. 작은 실수 하나에도 마치 거울 속의 내 모습이 나를 질책하는 듯 느껴지며, 자신을 가차 없이 몰아붙였던 시절이 있었다. 예전에 큰 프로젝트를 준비하다가 내 실수로 문제가 발생했는데, 당시 동료들이 나를 격려하며 문제를 해결했다. 그때 난 절감했다.

중요한 것은 실수 자체가 아니라, 실수 이후에 어떤 태도를 보이느냐이며, 실수를 통해 배우고 '더 나은 방향으로 성장할 수 있음'을 알게 되었다. 이후 나 자신에게 너그러워질 수 있었다.

"나는 항상 실수해. → 실수는 배우고 성장하는 자연스러운 과정이야."

또한, 살아가다 보면 어쩔 수 없이 모든 것이 엉망처럼 느껴지는 날들이 찾아오곤 한다. 나도 여러 번 그런 날을 겪었다. 하지만 그런 날일수록 자신을 돌보는 것이 중요하다. 천천히 깊은 호흡을 하며 공기를 들이마실 때의 그 신선함, 따뜻한 차 한 잔이 목구멍을 타고 흐르는 감각, 좋아하는 책의 한 구절에서 느껴지는 위로…. 이런 작은 자기 돌봄의 시간이 내 영혼을 다시 일으켜 세우곤 했다.

"오늘은 끔찍한 날이야. → 나는 이완 기술을 연습하고, 자기관리를 우선시할 거야."

그런데 앞에서 내가 밝힌 사례들의 공통점이 있다. 자신에 대한 부정적인 평가가 습관화되어 어려움을 겪는다는 것이다. 이러한 부정적인 생각을 인식하고, 이를 바꾸려는 인식의 전환이 가장 중요하다. 또 나의 인식을 전환하려면 작은 실천과 그에 따른 '작은 성공'들이 쌓여야 한다. 이를 통해 얼마든지 부정적인 생각을 긍정적으로 바꿀 수 있다.

"부정적인 생각의 패턴을 인식하고, 이를 바꾸려는 노력이 중요한 첫걸음이다."

우리의 사고 방식은 우리 삶의 질을 결정하는 중요한 요소다. 그러니 부정적인 생각에서 벗어나, 스스로를 격려하고 응원하는 마음가짐을 가져보자. 조급해할 필요는 없다. 먼저 '작은 실천'으로 '작은 변화'를 겪어나간다면 당신의 하루와 삶이 한결 가벼워질 것이다.

Chapter 2

생각을 바꾸면
삶이 달라진다

김희진

현 카이스트 어학센터 영어 강사로, 뉴욕주립대학교에서 교육학을 전공했다. 10년 이상 대학교 영어 강사로 지내면서 학생들에게 자신의 모토인 '하루에 하나라도 얻으면 그 하루는 성공이다'란 말을 해준다. 그 말 덕분인지 학생들의 집중력이 높아져 만족스러운 강의가 되면 행복을 느낄 정도로 사명감이 강하다. 그만큼 항상 학생들과 소통하며 '어떻게 하면 더 질 좋은 강의를 할까'를 매일 고민하고 연구한다. 스스로 자부심을 갖고 학생들을 가르치는 한편 작가로서 많은 사람에게 다양한 학습법과 자신만의 노하우를 전하고 있다.

스레드 @love_hyunny

01
오늘은 여기까지

나는 가끔 머리가 너무 복잡할 때면 모든 생각을 접어두고 그냥 잠자는 게 상책일 때가 있다. 이리저리 일에 치이고 고민거리가 쌓이면, 나도 모르게 밤새 생각의 실타래를 풀어내느라 지쳐버린다. 하나의 생각이 끝나자마자 또 다른 문제를 불러오고, 그 생각은 다시 꼬리에 꼬리를 물며 끝없이 이어진다. 그럴 때면 내 머릿속은 마치 끝이 보이지 않는 미로 같다. 빠져나가려고 애쓸수록 더 깊숙이 갇혀버리는 것 같은 그런 밤이다.

그런 복잡한 밤이면 나는 영어 표현 중 하나인 'Sleep on it'을 떠올린다. 직역하면 '고민을 베고 누워서 자라'라는 뜻이다. 이 표현을 처음 들었을 때는 그저 비유적이고 우스운 표현 같았다. 그런데 실제로 내 머리가 무겁게 느껴지고, 해결책이 보이지 않을 때야 비로소 그 말의 '진짜 의미'가 와닿았다. 복잡한 문제를 붙들고 있지 말고 잠시 내려놓고 잠을 자는 것, 단지 생각을 미루는 것이 아니라 진짜 물러나서 문제와 거리를 두는 것이다.

한 번은 중요한 프로젝트를 진행할 때였다. 내일 있을 미팅부터 작업 진행 상황까지 머릿속에는 걱정이 가득해 도무지 잠이 오지 않았다. 잠들려고 할수록 생각들은 엉키고, 불안감은 점점 커져만 갔다. 그때, 그냥 눈을 감고 모든 것을 잠시 내려놓았다.

"일단 자자. 내일 다시 생각해 보자."

이렇게 스스로에게 속삭이며 억지로 눈을 감았다. 놀랍게도 다음 날 아침, 밤새 꼬여 있던 문제들이 조금씩 풀려 보였다. 어제는 그토록 답답하게 느껴졌던 생각들이 한결 가벼워진 것이다. 그리고 깨달았다. 잠은 단지 몸을 쉬게 한 것이 아니라, 좀 더 넓고 맑은 시야로 이끌어 준다는 것을.

생각은 우리의 모든 것을 해결해 줄 것 같지만, 오히려 그 무게에 스스로 짓눌려버리기 쉽다. 즉 우리는 깊이 생각할수록 더 나은 해결책을 찾으리라 믿지만, 그 과정에서 생각이 우리를 휘감으며, 결국에는 갇히게 된다. 게다가 '나쁜 결론'은 꼬리에 꼬리를 물고 이어지기에 밤이 깊을수록 불안은 증폭되기만 한다.

이렇듯 우리가 아무리 애써도 해결되지 않는 일이 있다. 그럴 때는 문제에 매달릴 것이 아니라 단순하게 잠자는 것이 더 나은 해결책을 얻는 길이다.

아무리 밤새워 고민해 봤자 더 나아지지 않는다. 사실 잠들기 전 머릿속을 어지럽히던 생각들은 대개 불안과 두려움에서 시작된다. 그렇기에 충분히 잠을 자고 일어나면 불안과 두려움은 사라지고 명확한 판단력이 생긴다. 그리고 맑아진 정신으로 문제를 다시 바라보면 어제는 거대하게 느껴졌던 고민이, 오늘은 작고 단순하게 느껴지기도 한다.

이처럼 잠은 단순히 육체적 휴식 이상의 의미가 있다. '덜 생각하고 더 잘 사는 법'은 바로 이런 데서 시작된다. 문제에서 한 발 뒤로 물러나 쉬는 것, 그리고 그 잠깐의 거리두기가 우리의 생각을 맑게 해준다. 잠을 자는 것은 나태함이 아니라, 우리의 마음과 뇌를 정비하고 새로운 힘을 얻기 위한 과정이다. 밤새 고민을 끌어안고 뒤척이는 것보다 잠시 모든 것을 내려놓고 잠을 청하는 것이 더 현명한 이유가 바로 여기에 있다.

" '오늘은 여기까지' 라고 자신을 다독이며 잠을 청할 때, 그것은 포기가 아니다."

내 뇌에 필요한 쉼을 주고, 다시 더 맑은 정신으로 돌아오기 위한 과정이다. 또 생각에 지쳐 있던 나를 쉬게 해주는 방법이기도 하다. 따라서 생각이 아무리 복잡해도 가끔은 쉬어가는 것이 답이다. 복잡한 머릿속을 잠으로 비워내고 다시 시작하는 것, 그것이야말로 더 나은 길로 나아가는 첫걸음이다.

지금 이 순간, 당신의 머릿속이 너무 복잡하다면 모든 것을 내려놓고 잠시 잠을 청하자. 다시 강조하지만 밤새 고민한다고 해서 모든 것이 나아지지 않는다. 잠은 단순히 몸을 쉬게 하는 것을 넘어 우리의 생각을 정리하고 새로운 관점으로 문제를 바라보게 해준다.

'Sleep on it', 고민을 베고 자보는 것이다. 그다음 날 아침, 어쩌면 어제의 실타래가 조금씩 풀려 있을지 모른다. 중요한 건, 지금 자신에게 잠깐의 쉼을 허락하는 것이다. 그래야만 더 나은 내일을 맞이할 수 있다.

02
생각은 경험이고,
그 경험은 선택이다

어린 시절, 처음 자전거를 배우던 날을 기억한다. 자전거를 무척 타고 싶었으나 너무 무서워서 다리가 떨리고, 페달에 발도 올리지 못했다. 우여곡절 끝에 출발했지만, 바퀴는 제대로 굴러가지 않았고, 중심을 잘 잡았다가도 한순간에 균형을 잃어 넘어지곤 했다. 나는 넘어질까 봐 겁이 나서 계속 땅만 바라보았고, 몇 번이고 바닥에 쓰러졌다. 이런 나를 보던 누군가가 외쳤다.

"넘어지는 걸 겁내지 말고 차라리 그대로 넘어져."

그렇게 계속 넘어짐을 반복하면서도 다시 일어나 페달을 밟아 나갔을 때, 바람이 얼굴을 스치며 균형을 잡았던 그 순간, 비로소 자전거를 탈 수 있었다. 내가 자전거를 탈 수 있었던 건 머리로 배운 것이 아니다. 넘어지고 일어나고를 반복하면서 얻은 경험 덕분이다.

우리의 생각도 이와 같다. 생각은 머릿속에서 혼자 나누는 대화 같지만, 사실 우리가 어떤 경험을 했고, 그 경험을 어떻게 받아들였는지에 따라 만들어진다. 같은 상황을 겪으면서도 저마다 다르게 느끼고, 다른 결론에 이르는 이유는 각자 살아온 경험이 다르기 때문이다.

예를 들어 비가 내리는 날에 누군가는 창밖으로 떨어지는 빗줄기를 보며 따뜻함을 느끼고, 또 누군가는 축축함과 불편함을 먼저 떠올린다. 이는 단지 성격의 차이에서 오는 것이 아니다. 비 오는 날 창가에서 좋아하는 책을 읽었던 경험, 또는 우산을 준비하지 못해 흠뻑 젖어 불쾌했던 기억이 그 사람의 생각에 영향을 미친 것이다.

결국 우리의 생각은 우리의 경험을 반영하고, 그것이 우리의 감정과 시선을 결정짓는다.

'생각'이란 단순히 떠오르는 단어들로 이루어진 것이 아

니다. 그것은 우리가 살아온 '삶의 흔적'들, 우리가 겪었던 '크고 작은 순간'들이 만들어 낸 결과물이다. 이 생각은 우리의 행동을 결정하고 인생의 방향을 이끌어간다. 어떤 사람은 도전 앞에서 주저하지 않고 나아가지만, 또 다른 사람은 한 번의 실패로 쉽게 포기한다.

그 차이는 바로 그동안의 경험에서 비롯된다. 도전에서 성공을 맛보았던 사람은 그 기억이 다시금 도전의 원동력이 되고, 실패에 대한 부정적인 경험이 쌓인 사람은 그 기억에 사로잡혀 새로운 시도를 두려워하게 된다.

내가 학생들을 가르칠 때도 각자 자기만의 방식으로 영어를 배우는 모습을 자주 본다. 어떤 학생은 하루를 계획하고 규칙적으로 학습해야 효과를 본다. 그들에게는 철저히 정해진 목표와 시간 안에서 공부하는 것이 가장 편안하고, 성과를 만들어낸다. 반면에 자유로운 방식으로 배우기를 원하는 학생들도 있다. 그들은 단어를 외우기보다는 대화 속에서 자연스럽게 단어를 습득하며 경험을 통해 배운다.

똑같은 목표를 향해 나아가더라도 그 방법은 전혀 다르다. 이는 각자의 성향과 배경에서 비롯된 경험이 그들의 학습 방식을 결정짓기 때문이다. 과거의 경험은 우리에게 생각의 틀을 만들어준다. 긍정적인 경험은 우리에게 용기를 주고, 더 많은 가능성을 믿게 만든다. 반대로 부정적인 경험은 우리의 생각을 한정시키고, 더 나아갈 수 있는 가능성조차도 스스로 포기하게 만든다.

실패를 무서워하는 사람은 아마 과거에 실패를 했을 때 받은 상처가 깊이 남아 있을 것이다. 그 실패가 단지 결과의 문제가 아니라 자신을 부정하는 순간으로 남아 버렸기 때문에 다시는 그런 기분을 느끼고 싶지 않다고 마음속 깊이 다짐했을 것이다.

이렇게 생각은 우리를 가두기도 하고, 해방시키기도 한다. **세상과 마주하는 방식은 결국 우리가 가지고 있는 생각에서 비롯된다.** 이것은 우리의 주변에서도 쉽게 목격할 수 있다. 같은 현실 앞에서 '할 수 있다'라고 믿는 사람이 있는가 하면, 으레 '안 될 거야'라고 단념하는 사람도 있다. 현실 자체는 변하지 않는다. 그 현실을 바라보는 우리의 '생각'이 모든 것을 바꾸어 놓는다.

내가 자전거를 처음 배울 때 여러 번 넘어졌지만 결국 바람을 느끼며 앞으로 나아갔던 그 순간처럼, 우리의 생각도 여러 번의 실패와 성공, 그 과정에서 얻은 깨달음으로 빚어지는 것이다. 그렇기에 새로운 생각을 갖고 싶다면, 새로운 경험이 필요하다. 두려움을 넘어서고, 실패를 마주하는 경험을 통해 우리는 생각의 틀을 바꾸고, 더 넓은 가능성으로 나아갈 수 있다.

"생각을 만드는 건 경험이고, 그 경험은 지금 당신의 선택으로 시작된다."

지금 이 순간, 당신이 만약 스스로를 한계에 가두고 있는 생각을 하고 있다면, 그 생각을 바꾸기 위해 한 번 더 페달을 밟아 보자. 자전거를 타며 처음 균형을 잡았던 그 순간처럼, 지금의 두려움을 넘어서 새로운 바람을 느끼는 그 순간까지 나아가 보자.

03
문제는 단순하게, 사고는 유연하게

　때로는 같은 문제라도 그 문제를 바라보는 자신의 관점과 행하는 태도에 따라 해결 방법이 완전히 달라진다. 이는 내가 학생들을 가르치면서 자주 느꼈던 점이다. 같은 문제 앞에서 누군가는 그것을 도전의 기회로 삼지만, 다른 누군가는 그 문제의 무게에 눌려 주저앉는다. 이 차이는 대개 그들의 '사고 방식'에서 비롯되는데, 저마다 살아온 경험과 환경에 의해 사고 방식이 형성된다.

　당신의 주변에서도 보았을 것이다. 어떤 사람은 긍정적인 시각으로 어려움을 마주하고, 또 어떤 사람은 부정적인 시각으로 그 앞에서 움츠러든다. 그런데 중요한 것은 사고 방식이 고정된 것이 아니라는 점이다. 자신이 처한 상황이나 환경에 따라 얼마든지 사고 방식을 변화시킬 수 있다. 이러한 유연성은 문제를 해결하는 강력한 도구일 뿐 아니라, 자기 발전과 삶의 질을 높이는 원동력이 된다.

나는 10년 이상 영어 강사로 지내는 동안 학생들과 소통하면서 '어떻게 하면 더 질 좋은 강의를 할까'를 날마다 고민하고 연구한다. 한 번은 영어 단어를 외우기 힘들다고 하소연하던 학생이 있었다. 그는 단어를 외울 때마다 자신의 부족함에 사로잡혀 스트레스를 받고 있었다. 점점 학습에 대한 흥미는 줄어들고, 단어를 외우는 과정 자체가 괴로워졌다.

나는 "단어를 암기하는 것이 아니라, 문장 속에서 그 단어가 어떻게 쓰이는지 이해해 보자"라고 제안했다. 처음에는 익숙하지 않아 당황스러워했지만, 새로운 방식을 시도하기로 했다. 결과는 놀라웠다. 그 학생은 단어가 문장 속에서 쓰이는 맥락을 이해하며 의미를 유추하고, 그 단어를 자기 것으로 만들기 시작했다. 그러면서 부정적이던 시각도 점차 긍정적으로 변했다.

그저 '사고 방식'을 바꾸었을 뿐인데 학습에 대한 스트레스가 덜해졌고, 동시에 흥미와 호기심이 생겨났다. 사고 방식을 변화시키는 것은 단지 문제를 푸는 방법을 바꾸는 것이 아니라, 그 과정에서 느끼는 감정과 경험을 새롭게 재구성하는 것이기도 했다.

우리는 대개 문제를 직면했을 때 이를 해결하려고 더욱 깊이 고민하고, 더 많이 생각하려는 경향이 있다. 하지만 그 결과가 항상 더 나은 답으로 이어지지는 않는다. 오히려 한 가지 방식에 몰두하다 보면 시야가 좁아지고, 문제가 더 복잡하게만 느껴질 때가 많다.

**"사고 방식을 바꾸는 건 한 발 물러서서
상황을 '다른 각도'로 바라보는 것에서 시작된다."**

같은 문제라도 이를 바라보는 시각과 접근 방식을 바꾸면 전혀 다른 해결책이 보이기 마련이다.

사고 방식을 변화시키는 것이 주는 또 다른 이점은 '새로운 가능성'을 발견하게 한다는 것이다. 대부분의 사람들은 기존의 사고 방식에 익숙해져 있기에 그 틀을 벗어나기를 두려워한다. 즉 익숙함 속에서 안전함을 느낀다. 하지만 그틀을 조금이라도 바꾼다면, 더 넓은 가능성과 마주하게 된다. 평소 두려워하던 도전도 새로운 관점에서 바라보면 그것이 기회로 다가올 수 있다.

또 다른 예로 발표에 대한 두려움을 가진 학생이 있었다. 그 학생은 발표할 때마다 자신을 바라보는 사람들의 시선이 무서웠고, 실수하면 비웃음 받을까 봐 걱정했다. 나는 "발표를 평가받는 시간이 아니라, 사람들과 소통하는 기회로 생각해 보면 어떨까?"라고 제안했다. 처음엔 어려워했지만, 발표를 지식 나눔의 기회로 바라보면서 발표에 대한 부정적인 감정이 차츰 사라졌다. 그 학생에게 발표는 더 이상 두려운 대상이 아니라, 사람들과의 소통을 즐기는 시간이 되었다.

위의 두 가지 사례처럼 우리의 사고 방식을 바꾸면 크게 두 가지 중요한 이점을 얻는다.

첫째, 시야의 확대다.
문제를 더 넓게 바라보면서 이전에는 미처 보지 못했던 새로운 해결책을 발견할 수 있다.

둘째, 두려움의 극복이다.

새로운 시각으로 문제에 접근하면 기존의 틀에서 느꼈던 공포와 불안을 이겨낼 수 있다.

다시 강조하지만, 사고 방식은 언제나 고정된 것이 아니다. 긍정적인 사고가 필요할 때도 있고, 더 비판적이고 신중한 사고가 필요한 순간도 있다. 위기의 순간에 때로는 도전적으로 새로운 시각을 받아들이는가 하면, 한 걸음 물러서서 깊이 성찰하는 것이 더 나은 답을 찾게 해기도 한다. **중요한 것은 그 상황에 맞게 사고 방식을 유연하게 바꾸는 것이다.**

신경정신과 의사이자 《죽음의 수용소에서》의 저자인 빅터 프랭클(Viktor Frankl)은 "자극과 반응 사이에는 공간이 있다"라고 말했다. 우리는 그 공간에서 자신의 반응을 선택할 자유가 있다. 설령 누군가가 나를 화나게 하더라도 그 감정에 즉각적으로 반응하지 않고 잠시 멈추어 스스로에게 질문해 보자.

"나는 이 상황을 어떻게 받아들일 것인가?"

이런 작은 여유가 우리 삶의 큰 차이를 만들어낸다. 사고 방식을 바꾸는 이 과정이야말로 우리가 삶을 주도적으로 살아가는 힘이 된다. 결국 사고 방식의 변화는 우리에게 '새로운 길'을 열어준다. 익숙한 틀에서 벗어나 새로운 시각으로 문제를 바라보는 것, 그리고 그 시각의 변화를 통해 더 나은 결과를 이끌어내는 것. 그것이야말로 우리가 삶을 더 잘 살아가는 데 필요한 중요한 도구가 아닐까.

만약 당신이 어떤 문제에 갇혀 있다고 느낀다면, 그 사고의 틀을 조금만 바꿔보자. 작은 변화가 더 넓은 가능성과 새로운 길을 열어줄지도 모른다. 그러니 지금 당장 우리 앞에 있는 문제를 바라보는 방식을 바꿔보자. 그 작은 변화가 우리 삶을 어떻게 더 나아지게 하는지를 여러분 스스로가 직접 경험해 보길 바란다.

04
완벽주의자의 생각 정리

　완벽(完璧)은 '흠이 없는 구슬'이란 뜻으로, 아무 결점 없이 완전함을 이르는 말이다. 인간은 누구나 더 나은 삶을 추구하려는 욕망을 갖고 있기에 '완벽함'은 많은 이에게 동경의 대상이다. 그러나 동시에 무거운 짐이 되기도 한다. 완벽함을 추구하는 사람들은 세상의 모든 것이 예측할 수 있는 질서 속에서 움직이길 바라는 듯하다. 더군다나 이들은 자신이 만들어낸 질서와 규칙을 통해 안전함을 느낀다.

　특히 완벽주의 성향을 지닌 사람들의 생각과 행동은 극단적이며, 매우 꼼꼼하고 치밀하다. 이러한 모습은 미국 CBS의 드라마 〈빅뱅 이론(The Big Bang Theory)〉에 등장하는 셀던

쿠퍼에게 극명하게 드러난다. 괴짜 과학자인 셸던은 자신이 만든 '셸던 규칙'을 통해 삶을 엄격하게 통제하려 한다. 그는 언제나 모든 변수를 예상하고 대비하는 것이야말로 안정된 삶을 위한 필수적인 과정이라고 믿는다.

셸던이 여행 준비를 할 때였다. 그의 가방 속에는 세세하게 정리된 리스트에 따라 모든 상황에 대비한 물품들이 들어 있다. 여행은 2박 3일에 불과하지만, 그의 가방은 한 달을 살아도 부족함이 없을 정도로 꽉 차 있다. 이러한 준비 과정이 셸던에게는 불필요한 것이 아니라, 자신을 안정시키는 필수적인 절차인 것이다.

사실 나도 셸던과 비슷한 성향을 갖고 있다. 삶에서 예측할 수 없는 일이 많아질 때마다, 나는 더 많은 계획과 준비를 통해 나만의 안정감을 찾는다. 예를 들어, 나는 중요한 결정을 내릴 때마다 〈장단점 목록(Pros and Cons List)〉을 작성한다. 각 선택지의 장단점을 나열하고 그 선택의 결과를 시뮬레이션해 보면서 '과연 내가 최고의 선택을 하고 있는지' 검증하는 과정을 거친다. 이 과정은 단순한 생각의 나열이 아닌 내 마음속에서의 확신과 안정감을 찾는 과정이다.

셸던의 규칙적 사고와 마찬가지로, 나의 이러한 분석적인 접근 방식은 자칫 지나친 꼼꼼함으로 보일 수 있다. 어쩌면 내 주변 사람들도 내가 너무 많은 것을 걱정하고, 과도하게 준비한다고 생각할지도 모른다. 하지만 이러한 과정은 단순히 '실수를 피하기 위한 조심성'이 아니다.

"완벽은 나 자신을 보호하고 안정감을 찾는 방식이다."

특히 예측할 수 없는 상황과 불확실성이 가득한 이 세상에서, 우리가 갖는 세심한 '통제력'은 매우 소중하다. 모든 결정을 내리기 전에 철저히 검토하고, 가능성을 여러 번 실험하고, 자신의 판단을 끊임없이 점검하면서 평온함을 느끼는 것이다.

나는 새로운 수업 방식을 도입할 때마다 학생들에게 어떻게 전달할지, 그 방식이 실제로 효과적일지 여러 번 생각해 본다. 그리고 필요하다면 시뮬레이션을 통해 개선하고 또 개선한다. 이런 식으로 실수를 줄이고 최선의 선택을 찾는 과정은 나에게 안정감을 준다. 이러한 완벽주의적 성향은 주변 사람들에게 때로는 답답해 보일 수 있다. "왜 그렇게 모든 걸 어렵게 만드는 거야?"라는 질문을 받기도 한다.

하지만 나는 이런 과정을 통해 실수의 가능성을 줄이고, 후회할 가능성을 최소화하여 더 나은 결과를 얻으려고 한다. **중요한 것은 불필요해 보이는 계획이 아니라, 그 계획을 통해 내 생각을 체계화하고 나 스스로 놓친 부분을 발견하는 일이다.** 따라서 이 계획과 과정은 단순한 고집이 아니다. 내 삶에 더 큰 평온과 안정을 찾기 위한 방법이다.

그러나 때로는 완벽을 향한 이 욕망이 우리 자신을 괴롭히기도 한다. 셸던처럼 모든 가능성을 예측하고 준비하다 보면, 삶 속 아름다운 우연이나 예기치 않은 기쁨을 놓칠 수 있다. 우리의 완벽주의적 성향은 가끔 너무 높은 기준을 세우기에 자신을 힘들게 하며, 모든 것에서 완벽을 기대할 때 많은 스트레스를 안겨준다.

이 과정에서 완벽주의자는 자신을 가혹하게 대하고, 작은 실수조차 큰 실패로 인식하며 절망에 빠져버린다. 이것을 극복하는 세 가지 방법이 있다.

첫째, 나의 실수와 불완전함을 받아들여라.

우리 삶은 언제나 예측 가능하고 통제할 수 있는 것이 아니다. 따라사 예기치 않은 일이 발생했다면 완벽주의자는 이를 실패로 간주하기보다는 '배움의 기회'로 삼아야 한다. 셸던의 여행 가방처럼 예측할 수 있는 모든 것을 준비할 수는 있지만, 그럼에도 불구하고 여전히 예측할 수 없는 일은 발생하기 마련이다. 이때 필요한 것은 완벽을 이루지 못한 자신에게 관대해지는 것이다. 그것이 바로 우리 삶을 더 풍요롭게 하고, 불필요한 스트레스에서 벗어나게 해준다.

둘째, 타인에게 도움을 청하는 용기를 가져라.

완벽주의자는 곤경에 처했을 때도 스스로 해결하려고 한다. 타인에게 도움을 청하는 건 결코 나약한 것이 아니다. 오히려 우리는 도움을 통해 자신의 시야를 넓히고, 예상치 못한 새로운 길을 발견할 수 있다. 셸던은 자신의 규칙에 따라 모든 것을 통제하려고 했지만, 드라마 속에서 종종 주변 사람들의 도움을 받으며 변화를 맞이한다. 이는 우리에게도 중요한 교훈을 준다. 완벽을 추구하는 것은 좋지만, 그것이 나를 가둬두는 것이 아닌 '나를 성장하게 만드는 도구'가 되어야 한다.

셋째, 완벽을 추구하는 목적에 대해 다시 생각하라.

우리는 왜 완벽해지고 싶어 할까? 타인의 시선과 평가 때문일까? 아니면 스스로에 대한 자긍심을 위해서일까? 만약 완벽을 추구하는 목적이 타인의 인정에서 온 것이라면, 우리는 더 큰 자유를 위해 그 기준에서 벗어나야 할지도 모른다. 완벽하지 않아도 괜찮고, 실수해도 괜찮다는 사실을 받아들이는 순간, 우리는 더 자유로워지고 행복해질 수 있다.

"완벽주의는 때로 우리를 구속한다. 하지만 그것이 언제나 나쁜 것만은 아니다."

우리는 모두 완벽주의를 통해 더 나은 성취를 이룰 수 있다. 다만 완벽을 추구하는 과정에서 나 자신에게 관대해지고, 예상치 못한 변화를 긍정적으로 받아들이는 태도를 갖는 것이 중요하다. 완벽하지 않은 삶도 충분히 아름답다. 셸던의 철저한 준비 과정과 나의 신중한 선택 속에서도, 우리는 불완전함 속에서 자라는 성장의 기쁨을 찾을 수 있다. 그것이 바로 우리의 진정한 힘이다.

05
마음을 다스리는 기술

'칼에 베인 상처는 바로 아물지만, 말에 베인 상처는 평생 아물지 않는다'라는 말이 있다. 나 역시 누군가가 던진 말 한마디가 가슴에 깊게 남아 몇 날을, 때로는 몇 주 동안 나를 괴롭힌 적이 있다. 어쩌면 그 누군가는 가볍게 한 말일 수도 있겠지만, 나는 무거운 마음에 한걸음도 내딛기 힘들었다. 혹은 내가 저지른 작은 실수 하나가 머릿속을 떠나지 않아 계속해서 되새기며 자책할 때도 있었다.

당신도 비슷한 경험이 있지 않은가? 직장에서 동료가 농담처럼 던진 말이 마음속에 고스란히 남았거나, 중요한 순간에 스스로 말실수를 해버린 탓에 밤새 잠 못 이루며 후

회했던 기억이.

"무심결에 주고받는 말 한마디가 상처가 될 수 있다."

이렇듯 우리는 누군가에게, 또는 스스로에게 상처를 받는다. 그 상처를 지우려고 부단히 애쓰지만 그럴수록 상처는 더 깊게 새겨지곤 한다. 상처받은 마음을 다스린다는 것은 이런 순간들을 가볍게 흘려보내는 연습과도 같다. 마치 바닷가에서 주운 돌멩이를 다시 파도 속으로 던지는 일처럼, 마음속 무거운 돌을 덜어내야 한다.

가벼운 마음으로, 하지만 강하게 자신을 지키기 위해 필요한 '마음을 다스리는 기술' 다섯 가지를 소개한다.

1. 사랑받지 못해도 자신을 사랑하라.

우리는 상대방이 나를 사랑하지 않거나, 내게 관심이 없다는 사실에 마음을 크게 상한다. 그러면서 그 상대의 반응에 따라 내 가치가 결정되는 것처럼 느낄 때가 있다. 중요한 건 상대방의 감정이 아니라, 나 스스로에 대한 마음가짐이다. 나를 사랑하지 않는 사람에게 시간을 들이기보다는, 나에게 긍정적인 영향을 주는 사람들에게 집중하는 것이 현명하다.

가끔은 상대방의 감정에 휘둘리지 않기 위해 무관심한 듯 행동하는 것이 필요하다. 상대방에게 마음 쓰는 에너지를 아끼고, 나에게 집중하자. 누구나 나를 좋아할 필요는 없다. 설령 모두가 나를 좋아하지 않더라도 괜찮다. 가장 중요한 것은 나 자신이 나를 어떻게 바라보는가이다.

2. 상대방의 무례함에 미소로 화답하라.

사람들은 때로 악의 없는 농담이라며 우리를 놀리기도 한다. 그런데 그 농담이 불편하게 느껴질 때가 많다. 이럴 때는 상대방에게 정색하고 따지기보다는 차분한 미소로 답해 보자. 미소는 생각보다 강한 힘을 가지고 있다. 당신이 미소 지을 때마다 그들은 불편해하고 어색해질 것이다. 당신이 차분히 미소 지으면, 그들이 예상했던 반응과는 다른 결과가 나온다. 그 순간 당신이 이기는 것이다.

스스로 대응하지 않는다는 건 무력한 것이 아니다. 오히려 상대방에게 자신이 큰 영향을 끼치지 못하고 있다는 신호를 보내는 일이다. 당신은 미소를 통해 '나는 네 말에 신경

쓰지 않아'라고 세상에 말할 수 있다. 그러면 상황은 더 단순해지고, 그들은 자연스럽게 당신을 놀리지 못할 것이다.

3. 방어적인 태도를 버리고 자연스럽게 대하라.

대개의 사람들은 스스로 불안할 때 방어적인 태도를 보인다. 누군가가 나를 비판하거나 의도하지 않게 날카로운 질문을 던질 때, 우리는 본능적으로 "그건 내 잘못이 아니야!"라며 즉각 방어하게 된다. 문제는 방어적인 태도가 상황을 더 복잡하고 무겁게 만든다는 점이다. 오히려 상대방은 우리의 방어적인 모습을 약점 삼아 더 공격적으로 나온다.

그러니 애쓰며 방어하지 말고 '있는 그대로' 자연스럽게 반응하자. 누군가의 지적에 움츠러들 필요도 없고, 굳이 해명할 필요도 없다. 그저 "그럴 수도 있겠네"라며 가볍게 넘겨도 괜찮다. 그 순간의 평온함이 결국 내 마음의 안정으로 이어진다. 방어적인 태도를 버릴 때, 우리는 더욱 유연하게 세상을 대할 수 있다.

4. 내가 얻지 못한 것에 대해 초연해져라.

누구나 자신이 원하는 것을 얻지 못했을 때 감정을 드러내고 슬퍼하는 일은 너무나도 자연스러운 반응이다. 하지만 현실적으로 우리는 각자 원하는 것을 얻을 수도, 모든 목표를 다 이룰 수도 없다. 그렇다면 스스로 원하는 것을 얻지 못했다고 해서 큰 상처를 받거나 좌절할 필요가 있을까? 때로는 그냥 초연하게 받아들이는 것이 필요하다.

우리의 삶은 원하지 않는 결과들로 가득할 때가 더 많다. 그때마다 마음을 무겁게 갖고 있다면, 삶의 모든 순간이 불행해질 수밖에 없다. 그러니 원하는 것을 얻지 못했더라도 "아, 이번에는 이렇게 됐구나"하고 가볍게 내려놓는 연습을 해보자. 그만큼 우리 마음은 더 자유로워질 것이다.

5. 비교의 함정에서 벗어나라.

자신을 타인과 비교하는 것은 자주 마음의 혼란을 일으킨다. 우리는 다른 사람들의 성공이나 행복을 보며, 나 자신이 부족하다고 느끼기 쉽다. 주변 사람들이 무엇을 이루고, 어디에서 무엇을 하는지 관심 갖기 시작하면, 자기 삶에 대한 불만이 커지기 마련이다. 그러나 생각해 보자. 다른 사람과의 비교는 나를 성장시키는 데 아무 도움이 되지 않는다. 그들은 그들만의 시간이 있고, 나는 나만의 속도로 나아가는 것이다.

비교에서 벗어나는 가장 좋은 방법은 '나만의 기준'을 세우는 것이다. 내가 세운 목표와 가치에 따라 움직이며 남들의 기준에 얽매이지 않는 것이다. 비교는 우리의 행복을 갉아먹는 괴물과도 같다. 그 괴물에게 나의 에너지를 허비하지 말자. 나의 속도대로 나아가는 것, 그것이 진정한 '나의 성장'이다. 그러니 다른 사람들의 삶을 부러워하지 말고, 나의 작은 성취를 스스로 축하해 주자. 내 걸음을 내가 인정하는 순간, 우리는 한층 더 자유로워진다.

지금까지 '마음을 다스리는 기술'에 대해 나누었다. 결국 '마음을 다스린다'라는 건 타인에게 지는 것이 아니다. 오히려 세상에 휘둘리지 않고 '나의 중심'을 지키는 일이다. 자신을 보호하면서도 무겁지 않게 살아가는 것이야말로 마음을 다스리는 진정한 기술이다.

"마음을 가볍게 하고, 자신을 존중할 때 모든 변화가 시작된다."

누군가가 당신을 사랑하지 않는다면, 그에 매달리지 말고 당신 자신을 더 사랑하자. 누군가가 당신을 비웃는다면, 그저 차분히 미소를 지으며 그 순간을 흘려보내자. 그리고 무언가를 얻지 못했을 때 그 상실에 얽매이지 말자. 삶은 완벽하지 않아도 괜찮고, 우리가 그 과정에서 나를 지키고 존중한다면 그로써 충분하다.

마음의 짐을 덜어낼 때 비로소 우리는 가벼워지고, 진정한 자유를 얻는다. 완벽할 필요도, 누군가의 기대에 부응할 필요도 없다. 우리는 그저 나 자신으로서 가볍고 자유롭게 살 수 있는 힘을 가질 자격이 있다. 그렇게, 우리의 오늘을 조금 더 가볍고 자유롭게 살아가자.

완벽함이란,

더 이상 더할 것이 없을 때가 아니라

더 이상 뺄 것이 없을 때 이루어진다.

생텍쥐페리(Antoine de Saint Exupery)

Chapter 3

몰입, 불가능을
가능하게 만든다

강미정

㈜레드메디코스, ㈜모헴, 화창하다, 에이디커머스 총 4개의 대표로, 3년 만에 매출 20억과 마케팅 전략 기획 및 활용으로 순수익 17억을 달성한 기업가이자 작가다. 직접 부딪힌 경험을 바탕으로 소비자 심리와 행동 패턴을 연구하고 이를 비즈니스와 글쓰기에 접목해 왔다. '혁신은 아주 작은 생각 전환으로 시작된다'라는 좌우명을 중심으로, 단순한 성장이 아닌 진정한 변화를 이끌고자 노력 중이다. 경영, 마케팅, 창업에 대한 강연을 통해 많은 사람에게 영감을 주고 있으며, 누구나 자신의 가능성을 발견하고 삶을 변화시킬 기회를 제공하는 데 집중하고 있다.

스레드 @kkangdaepyo
인스타그램 @kkangdaepyo

01
진짜 삶은 정리 후에 시작된다

오래된 서랍을 열었다. 한쪽 구석에는 낡은 사진첩이 있고, 그 옆에는 한때 애정을 담아 산 장식품들이 있다. 손으로 만져보면 차갑고 딱딱한 물건인데도 묘한 감정이 스며든다. 이미 역할을 다했지만, 기억을 핑계로 버리지 못한 채 자리만 차지하고 있다. '언젠가 다시 쓸지도 모른다'라는 막연한 생각에 붙잡혀 결국 그대로 닫아버린다. 이처럼 떠나보내지 못한 물건들이 우리의 삶을 잠식한다.

사실 버리지 못한 물건들은 단지 공간 차지의 문제가 아니다. 그 물건은 감정의 흔적이자, 우리가 놓아버리지 못한 과거의 잔재다. 당신도 떠올려보자. 책장 한 켠에 꽂아둔 쓰다만 노트나 기억도 가물가물한 어딘가에서 사 온 기념품, 이미 고장 난 전자기기 등등, 이런 물건들이 '지금의 나'와 얼마나 연결되어 있는지 말이다. 물건은 단지 눈앞에 놓여 있는 물체가 아니라, 삶의 방향성을 흐리게 만드는 무게일 때가 많다.

누구나 책상 위를 가득 채운 물건들 속에서 중요한 서류를 찾지 못해 당황했던 기억이 있을 것이다. 그 순간을 떠올리면 단순히 물건을 잃어버린 게 아니라 집중력을 잃어버린 것임을 깨닫게 된다.

"어지러운 공간은 어지러운 마음을 만든다."

차마 버리지 못한 물건의 개수가 많아질수록 우리는 삶의 본질에서 멀어진다. 그렇게 우리 자신마저 잃어가고 있다는 사실은 깨닫기 쉽지 않다. 물건을 줄인다는 건 단순히 버리기의 문제가 아니다. 그것은 자신의 삶을 스스로 정리하는 과정이다.

마찬가지로 오래된 물건을 움켜잡았을 때 느껴지는 미련과 복잡한 감정은 단지 물건에 대한 것이 아니다. 나를 둘러싼 환경을 가볍게 하는 일, 그 안에서 진짜 중요한 것이 무엇인지 재발견하는 일이다. 물건을 비워낼 때 느껴지는 허전함은 사실 채울 여유를 주는 빈자리다.

이 점을 항상 명심하자.

"버린다는 건 잃는 것이 아니라 얻는 것이다."

필요 없는 물건이 사라질 때, 비로소 마음의 공간이 열리고 새로운 가능성이 들어선다. 그 자리에 더 나은 경험과 의미 있는 관계, 삶을 살아가며 느끼는 충만한 감각이 채워질 수 있다. 물건이 줄어들수록 삶의 소음도 줄어들고, 나를 진정으로 들여다볼 수 있는 여백이 생긴다.

그렇다고 모든 물건을 떠나보내라는 이야기가 아니다. 중요한 건 물건을 어떻게 다루느냐가 아니라, 물건을 바라보는 우리의 태도다. 지나치게 쌓아두고도 애써 외면하며 버리지 못했던 물건들이 있다면, 그 물건을 손에 들고 질문해 보자.

"이것이 지금 내 삶에 어떤 의미가 있을까?"

만약 그 답이 불분명하다면, 그 물건은 떠나보내도 괜찮다. 당신의 '마음속 창고'를 떠올려보라. 그곳을 고물로 가득 차 숨쉬기 어려운 공간이 아니라, 밝은 햇살이 비추고 맑은 공기가 흐르는 '여백'으로 만들어보는 것이다. 그렇게 하나둘 물건을 줄여가다 보면 삶도 더 단순해지고, 그 단순함 속에서 비로소 진정한 자유와 가치를 마주하게 된다.

중요한 것은 '무엇을 버리는가가 아니라, 버림으로써 무엇을 얻는가'다. 물건의 무게를 덜어낼 때 마음도 한결 가벼워진다. 삶은 그렇게 단순한 것에서 시작된다.

02
일상을 바꾸는 몰입의 힘

　어느 날, 한참을 쫓기듯 일하고 있는데 갑자기 손목이 저렸다. 평소 자주 하던 일인데도 그날은 유독 힘들었다. '왜 힘들까' 생각해 보니 제대로 일에 집중할 수가 없었다. 이메일이 올 때마다 수시로 확인하고, 누군가에게 전화가 오면 상대방이 끊을 때까지 마냥 기다렸다. 그때 갑자기 '몰입'이란 말이 떠올랐다. 몰입이란 어떤 것에 깊이 파고들거나 빠지는 것을 뜻한다.

　다시 말해 무엇을 하든 온전히 그 안에 빠져드는 순간에 우리는 몰입했다고 한다. 누구에게나 그런 순간이 있다. 일이나 취미, 관심사에 완전히 몰두한 때가. 그때는 시간이 어떻게 지나갔는지조차 모른다. 이 시간이 나에게 의미 있다는 걸 알기에 그 순간은 단순히 일이 아니라 '나의 시간'이 되어버린다.

모든 방햇거리를 차단하고, 오로지 내가 하는 일에만 집중하는 순간, 내 마음도 나도 모두 자유로워진다.

"몰입의 순간에 느껴지는 감정은 어떤 것에도 견줄 수 없다."

그런데 사실 몰입의 순간을 경험하기란 쉽지 않다. 나는 물론 내 주변 사람들 역시 '그 순간'을 느끼기 위한 환경을 만드는 데 실패하는 경우가 많다. 매시간 울리는 알림 소리나 불쑥 찾아오는 불청객 등 예기치 못한 방햇거리가 끊임없이 나를 끌어당기기 때문이다. 그런 환경에서는 몰입은 커녕 일이 제대로 진행되지 않는다.

그럴 때면 나는 미국의 심리학자이자 《몰입의 즐거움》의 저자인 미하이 칙센트미하이(Mihaly Csikszentmihalyi)의 연구를 떠올린다. 그는 '몰입이 우리 삶에서 어떻게 최고의 성과를 만들어내는지'를 설명했다. 즉 몰입은 완전한 집중에서 나오는 데 이 집중을 이루기 위해서는 방해 요소를 차단해야 한다는 것이다.

그의 주장처럼 내가 몰입의 순간을 경험했을 때도 마찬가지였다. 나 역시 주위의 시끄러움과 알림 등을 차단했을 때 내 일에 온전히 몰두할 수 있었고, 결과적으로 그 일에서 최고의 성과를 만들어냈다.

반드시 기억해야 할 것이다.

"몰입은 단순히 집중하는 것만이 아니라, 그 과정에서의 감정적인 연결이다."

몰입의 순간에 빠지는 가장 쉬운 방법은, 내가 좋아하는 일을 하는 것이다. 그러면 시간이 어떻게 흘러가는지도 모른 채 자연스레 몰입하게 된다. 그런데 그 일이 아무리 재미있어도 외부에서 방해가 끊임없이 들어오면 몰입을 유지하기 어렵다. 불필요한 자극이 나의 마음을 산만하게 만들고, 그사이에 나는 점점 내 일이 아닌 것처럼 느껴진다.

그러니 중요한 건, 내가 몰입할 수 있도록 환경을 만드는 것이다. 몰입을 유도하는 환경은 의식적으로 만들어야 하는데 먼저 방해받지 않도록 자리를 잡고, 집중을 유지할 수 있는 공간부터 만들어야 한다. 그런 환경을 만들었을 때야 비로소 내 일에 빠져들 수 있다. 그때는 내가 뭔가를 하고 있는 것이 아닌, 내가 그 일 안에 있는 듯한 느낌이 든다. 그렇게 '몰입의 순간'에 진정으로 내가 하고 있는 일의 의미를 실감한다.

생각해 보면, 우리가 일상에서 가장 흔히 겪는 '산만함'은 모두 불필요한 자극에서 비롯된다. 메시지, 전화, 알림 등 그 모든 것이 나를 계속 끌어당기는 순간에 집중력은 사라지고, 결국 내가 해야 할 일의 중요성을 놓치게 된다. 내가 몰입할 수 있는 공간과 시간은 결국 내가 만드는 것이다. 다시 말해 몰입의 힘을 느끼려면, 그 여유를 만들어야 한다.

"몰입할 수 있는 환경을 만드는 건 자유로움을 만드는 일이다."

몰입 상태에 빠져드는 순간, 그 자유로움 속에서 나는 내 일을 완벽하게 해낼 수 있다. 아무것도 방해하지 않기에 내 마음도 자유롭고, 내 몸도 가벼워진다. 일이 끝나고 나면 그만큼 만족감을 느낄 수 있다. 내가 스스로 몰입할 수 있었기 때문이다. 그래서 몰입은 단순히 성과를 높이는 방법이 아니다. 나를 더 잘 알게 해주는 경험이기도 하다.

다시 강조하지만, 우리가 몰입을 통해 얻는 것은 단순한 성과가 아니다. 그 순간의 감정, 즉 깊은 집중 속에서 우리가 무엇을 느끼는지가 더 중요하다. 일단 몰입을 경험하면 스스로가 그 일을 사랑하고 있다는 걸 깨닫는다. 그 일이 내게 의미 있다는 걸 알게 되면 더욱 큰 성과를 낼 수 있다. 몰입의 순간에 내가 느낀 감정은 그 어떤 결과보다 소중하다.

인간의 뇌는 끊임없이 새로운 것을 받아들이기 때문에 서서히 변화하고 발달한다. 즉 우리가 집중할수록 몰입력은 더 향상된다. 그렇다면 어떻게 해야 몰입감을 자주 경험할 수 있을까? 한 뇌과학 연구에 따르면 집중력을 훈련하는 방법으로 '리듬을 만들어내는 것'을 밝혔다. 인간의 뇌는 일정한 패턴에서 얻는 리듬을 반복하면서 집중력을 유지한다.

"정해진 시간에, 정해진 일을 반복하는 것이 중요하다."

예를 들어 특정 시간에 규칙적으로 '몰입의 시간'을 갖는

다거나, 작은 일부터 하나씩 집중하며 끝내는 습관을 기르는 것이다. 하루 중에 집중할 수 있는 시간을 계획하여 그 시간에는 오로지 몰입할 수 있는 환경을 만드는 것도 좋다. 이렇게 '반복적인 리듬'을 만들어가는 것만으로도 몰입 능력은 향상될 것이다.

일상에서 리듬을 만들어가며 몰입을 훈련하다 보면, 어느 순간 나는 방해받지 않는 환경을 만들어낼 수 있다. 그때부터 내가 할 수 있는 일들은 상상을 초월할 정도로 많아진다.

"강력한 몰입은 우리의 삶을 더욱 풍성하게 만든다."

왜냐하면 몰입은 단지 성과를 넘어서, 내가 나 자신과 깊이 연결될 수 있는 방법이기 때문이다.

03
부정적인 기억은 성장의 발판이다

　문득 과거의 기억들이 떠오를 때가 있다. 대화 중에 했던 말실수나 중요한 일을 미루다가 실패한 경험, 그리고 그때 느꼈던 당혹감과 후회. 이런 나쁜 기억들은 시간이 오래 지나도 사라지지 않는다. 아니, 오히려 더 선명하게 다가온다. 왜 즐겁고 행복했던 순간은 쉽게 잊히는데, 나쁜 기억들은 끈질기게 우리의 마음을 붙잡는 걸까? 그 이유를 알고 싶다면 수천 년 전으로 거슬러 올라가야 한다.

　고대 인류는 위험한 동물이나 환경을 피해야 살아남을 수 있었다. 그들에게 위험했던 경험을 잊는 것은 곧 생존의 위협과 같았다. 그래서 우리의 뇌는 '위험했던 순간'을 오래,

그리고 강렬하게 기억하도록 진화했다. 이는 우리가 실수를 되풀이하지 않도록 돕는 '생존 본능'에서 비롯된 것이다.

"인간의 뇌는 생존을 위해 부정적인 경험을 더 오래 기억하도록 설계되었다."

이러한 진화 과정에서 중요한 역할을 하는 것이 바로 뇌의 편도체다. 편도체는 감정 처리, 특히 부정적인 경험을 각인시키는 기능을 한다. 만약 불쾌하거나 두려운 일이 생기면 편도체는 즉시 활성화되어 그 순간을 생생하게 기억하게 만든다. 덕분에 우리는 비슷한 상황이 닥쳤을 때 빠르게 반응하고 대처할 수 있다.

문제는 이 강렬한 기억이 때로는 우리를 보호하는 대신, 발목을 잡는 족쇄로 작용한다는 점이다. 과거의 부정적인 기억들은 종종 '다시는 그런 일이 있어선 안 돼'라는 경고를 넘어 '나는 왜 이렇게 부족한가'라는 자기 비난으로 이어지곤 한다. 이렇게 되면 단순히 실수를 피하는 것을 넘어, 그 실수에 갇혀 현재와 미래의 선택까지 주저하게 만든다.

하지만 부정적인 기억이 반드시 짐으로만 작용하는 것은 아니다. 오히려 우리의 선택에 따라 '성장의 도구'로 바꿀 수 있다.

부정적인 기억을 성장의 도구로 만드는 세 가지 방법을
소개한다.

1. 중요한 것은 감정의 '리프레이밍(Reframing)'이다.

부정적인 기억에서 오는 감정을 나를 괴롭히는 짐으로 여
기지 말고, 내게 보내는 신호에 주목하자. 예를 들어 말실수
로 느낀 부끄러움은 단순히 나를 작아지게 만드는 감정이
아니다. 그것은 '내가 그 대화를 더 잘하고 싶다는 바람'의
표현일 수 있다. 당혹감 역시 '내가 더 나은 방식으로 문제
를 해결하려는 욕구'를 드러낸다.

감정은 나를 억누르는 무게가 아니라, 방향을 알려주는
나침반이다. 부정적인 감정이 밀려올 때마다 그것이 나에
게 무엇을 말하려 하는지 스스로 물어보는 연습을 해보자.

2. 과거는 미래를 위한 '시뮬레이션(Simulation)'이다.

과거의 실수를 복기하는 데 그치지 말고, 미래를 위한 시
뮬레이션 도구로 활용하자. 만약 과거의 실수를 했을 때와
같은 상황에 빠진다면, 내가 어떻게 선택할지 머릿속에서

구체적으로 그리는 것이다. 예를 들어 대화 중 말실수한 과거가 있다면 같은 상황에서 다음에는 어떤 표현을 할지 상상하며 연습하는 것이다.

이런 시뮬레이션은 단순히 후회를 반복하는 것을 넘어, 실수를 줄이는 실제적인 방법으로 이어진다. 우리의 뇌는 이러한 연습을 통해 점점 더 나은 결과를 만들어낼 준비를 한다.

3. 실수는 더 나은 선택으로 이어지는 '시작점'이다.

중요한 것은 부정적인 기억이 나를 규정하지 않도록 해야 한다. 우리는 흔히 실수를 '내 능력의 한계'로 여기지만 절대 그렇지 않다. 실수는 우리가 지나온 과정의 일부일 뿐이다. 과거의 실수가 '지금의 나'를 만들어낸 전부가 아니라는 사실을 기억하자. 핵심은 그 실수가 내게 어떤 교훈을 남겼고, 앞으로 내가 어떤 방향으로 나아가느냐이다. 실수는 실패로 끝나는 것이 아니라, 더 나은 선택으로 이어지는 시작점이 될 수 있다.

앞서 말한 수천 년 전 고대의 인류 이야기처럼 부정적인 기억은 우리 삶 속에서 늘 함께할 것이다. 하지만 그것이 나를 짓누를지, 아니면 앞으로 나아가게 할지는 전적으로 각자의 선택에 달려 있다. 과거의 기억에 갇혀 불안해하기보다 그 경험을 통해 성장하고, 더 나은 방향으로 나아가는 길을 선택해 보자. 그러면 더 이상 부정적인 기억은 족쇄가 아니라 발판이 될 것이다.

"어떠한 과거도 그저 지나간 이야기일 뿐이다."

그 이야기가 나에게 어떤 의미를 가질지는 오로지 나의 해석과 행동에 달려 있다.

04

몰입을 위해 하지 말아야 할 것

어느덧 새벽 두 시, 키보드를 두드리며 원고를 쓰고 있다. 창문 너머 고요함과는 다르게 내 머릿속은 '생각의 파도'에 휘말린다. '무엇이 문제일까?' 불과 한 시간 전에는 글의 흐름도 좋았고, 생각도 잘 이어졌는데…. 지금은 머릿속이 텅 빈 것 같다. 그 순간 갑자기 핸드폰이 울리더니 알림이 하나씩 화면에 뜬다. 잠깐 확인하려고 열어본 메일, 그다음엔 인스타그램, 그다음엔 뉴스…. 10분 정도 흘렀을까? 짧게 호흡을 가다듬고 자세를 바로잡아 집필에 집중하지만, 여전히 글이 써지지 않는다.

도대체 어디서부터 꼬인 걸까? 여기서 중요한 점은, 내가 지금 '글을 써야 한다'라는 사실을 잊은 것이다. 무심코 확인한 알림에, 한 번의 스크롤에 내 집중력은 무너져 버렸다. 이 글을 읽는 당신도 나와 비슷한 경험이 있을 것이다. 몰입해야 하는 그 순간에 내가 무엇을 해야 하는지에 대해 깊이 생각하지 않고, 자꾸만 외부 자극에 끌려다닌다.

이처럼 우리는 자주, 그리고 무의식적으로 자기 환경을 망가뜨린다. 그렇다면 '진짜 몰입'을 하고 싶을 때 내가 하지 말아야 할 것은 무엇일까? 크게 네 가지가 있다.

첫째, 한 번에 하나씩 몰입하라.
많은 사람이 멀티태스킹(Multitasking)을 생산적이라고 믿지만, 사실은 그렇지 않다. 여러 일을 동시에 할 때 집중력은 분산되고, 결과적으로 모든 일을 제대로 처리하지 못하는 경우가 많다. 하버드대학교의 한 연구에 따르면 "멀티태스킹은 뇌의 작업 기억 용량을 소모시키고, 결국 작업의 품질을 떨어뜨린다"라고 한다. 예를 들어 일을 하는 동시에 다른 메시지나 알림을 확인하는 것은 집중력을 저해한다.
내 생각엔 '잠깐'이지만 확인 후 다시 돌아오는 것은 예상보다 더 많은 시간을 허비하게 만든다. 나 역시 그 새벽에 멀티태스킹을 하면서 글을 쓰려고 했기에 결국 하나의 일도 제대로 하지 못했다. **한 번에 하나씩 몰입하기 위해서는, 나를 방해하는 요소들을 의도적으로 차단해야 한다.** 단순 반복적인 일에는 멀티태스킹이 유용할 수 있지만, 창의적이고 복잡한 일에는 집중력이 필요하다.

둘째, 일하는 중간에 계속 확인하지 말라.

나는 간혹 원고를 집필할 때, 중간에 앞서 글 쓴 부분을 수정하거나 계속 확인하는 순간, 그 흐름이 끊겨버린다. 글 작업이 진척될수록 수정하려는 욕망이 커지기 때문이다. 어느 한 연구에 따르면 '자기 피드백'을 너무 자주 하면 오히려 작업의 질이 떨어진다고 한다. 특히 작업을 진행하는 중간마다 계속 결과를 점검하면 자신의 능력에 대한 의심을 키우게 되고 흐름이 끊어진다.

설령 일을 잘하려는 의도라도 매번 확인하면서 결과를 먼저 걱정하는 것은 몰입을 방해한다. **확인보다 중요한 건, 그 순간에 내가 해야 할 일에 깊게 몰두하는 것이다.** 그래서 나는 오늘, 일단 쭉 써 내려가고 나서 그다음에 다시 확인하고 수정할 수 있다는 마음가짐을 가져본다.

셋째, 현재의 환경에서 만들고 유지하라.

일을 하다가 집중이 안 되면 "이 자리는 집중이 안 돼, 다른 곳으로 가야겠다"라며 환경을 탓하는 사람들이 있다. 그러나 환경을 자주 바꾸는 것보다 그 환경을 어떻게 정리하고 활용할지에 대한 문제를 생각해야 한다. 먼저 처한 환경에서 나를 방해하는 요소들을 없애야 한다.

예를 들어 책상 위에 물건들이 흩어져 있으면 본능적으로 신경이 쏠리게 된다. 그렇기에 필요 없는 물건들, 컴퓨터 화면에 떠 있는 탭들 등 나를 방해하는 요소들을 없애는 것이 좋다. 우리가 집중할 수 있는 환경을 만들 때 중요한 것은 그 환경의 일관성과 정리다. 따라서 **환경을 자주 바꾸는 것보다 내가 집중할 수 있는 조건을 현재의 환경에서 만들고 유지하는 것이 더 중요하다.**

마지막으로, 즉각적인 보상에 의존하지 말라.

일을 시작한 지 얼마 안 되었는데 '한 시간만 하고 잠깐 쉬자'라며 유혹이 생길 때가 있다. 하지만 일에 대한 보상은 그 일을 끝낸 후 자연스럽게 오는 것이어야 한다. 카네기멜론대학교의 연구에 따르면 "즉각적인 보상에 의존하는 사람들은 일에 대한 몰입도가 낮고, 그 결과가 장기적으로 생산성에 부정적인 영향을 미친다"라고 한다.

실제로 일이 끝나지 않았는데 보상부터 찾으려는 욕구는 몰입을 방해한다. 내가 몰입하고자 하는 순간, 일 자체가 보상임을 깨달아야 한다. 그 순간의 집중, 그 과정에서의 성장, 그 속에서 느끼는 만족감이 바로 나의 보상이다. 일을 끝내고 나서 그 보상은 자연스럽게 올 것이다.

"중요한 건 그 보상을 기다리며 '현재'에 집중하는 것이다."

결국 환경을 조성하는 것에 대한 핵심 규칙은 '내가 무엇을 하지 말아야 할지 아는 것'이다. 굳이 환경을 바꿀 필요 없이 내 안에서 나를 방해하는 요소들을 끄집어내고, 내가 지금 해야 할 일에 집중할 수 있도록 하는 것이다. 나 역시 이 방법을 통해 몰입의 순간을 경험하고, 나의 가장 깊은 창의력과 생산성을 만날 수 있다.

또한 몰입은 내가 해야 할 일을 아는 것에서부터 시작된다. 내가 아무리 몰입하고 싶어도, 자꾸만 주변의 유혹에 끌려가면 그 몰입은 어렵다. 그럼에도 우리는 조금씩, 하나씩, 환경을 잘 조정해 나가며 몰입의 순간을 만들 수 있다. 그 순간을 만들기 위해 내가 하지 말아야 할 것들을 의도적으로 차단하는 것이 시작의 첫걸음이다.

몰입은 누구나 할 수 있다. 아무리 잡념이 많은 사람도 몰입을 통해 성장할 수 있다. 이를 위해선 꾸준한 연습과 실천이 필요하다. 이러한 몰입은 그저 목표를 달성하는 수단이 아닌, 우리의 삶을 향상시키는데 중요한 열쇠다.

05
내 삶의 설계자는 나 자신이다

우리는 날마다 수많은 결정을 내리며 살아간다. 일상 속 사소한 일부터 인생의 중요한 일까지, 그 모든 선택이 나의 삶을 결정짓는다. 그런데 나의 선택이 정말 내 의지일까? 아니면 끊임없는 외부의 영향과 기대 속에서 자동으로 흘러가는 선택일까? 우리는 대개 무의식적으로 타인의 기대에 맞춰 살아간다. 부모님의 말씀, 사회의 기준, 친구들의 의견, 그리고 돈을 벌어야 한다는 압박감 등 타인이 내 삶에 개입한다.

'덜 생각하고 더 잘 사는 법'은 더 이상 선택당하는 삶을 사는 것이 아니다. 나는 한때 스스로 선택한다고 믿었지만,

사실 그 선택은 모두 누군가가 설계한 결과였다. 즉 내가 고른 길은 나 자신이 아닌 주변의 소리와 사회의 요구에 끌려간 길이었다. 그리고 나는 이제 깨달았다. '내가 설계자가 되어야 한다'라는 것을.

"내 삶을 설계하는 사람은 바로 나 자신이어야 한다."

더 이상 외부의 어떤 존재가 내 삶에 관여해서는 안 된다. 자신이 직접 자기 삶을 설계해야 한다. 그렇다면 덜 생각하고 더 잘 살기 위해 구체적으로 어떻게 해야 할까?

고민을 멈추고 직관을 따르라. 우리는 자주 고민한다. '이 선택이 맞을까? 만약 이 선택이 실패하면 어떻게 하지?' 하지만 진짜 중요한 것은 내가 선택을 '진짜 원하는 이유'다. 이유가 명확하지 않으면, 그 선택은 단순히 주변의 영향에 끌려가는 것이다. 나의 변화는 작은 질문에서 시작됐다. '왜 이걸 하고 있지?', '이것이 진짜 내가 원하는 것인가?' 처음에는 답이 나오지 않았지만, 조금씩 내가 무엇에 끌려다니는지 보이기 시작했다.

이제 나는 불필요한 고민을 덜어내고, 내가 원하는 방향을 향해 직관적으로 움직인다. 그리고 그 선택을 내 삶에 적용하기 시작했다. 예를 들어 나는 더 이상 불필요한 소비를 하지 않는다. 소비 전에 항상 스스로에게 묻는다. '이게 나에게 진짜 필요한가?. 불필요한 광고나 세일에 휘둘리지 않으려면, 내가 필요한 것만 사는 것이 중요하다. 내가 원하는 삶을 만들기 위한 도구로서만 돈을 사용한다.

선택을 설계하라. 우리는 '이것이 옳다' 믿고 선택하지만, 사실 그 선택은 우리의 무의식으로 설계된다. 주변의 말이나 사회의 기준, 보이지 않는 압박이 우리의 선택을 조종한다. 따라서 그 선택을 설계할 수 있어야 한다. 내가 어떤 일을 할 때 하는 선택이, 내가 원하는 방향으로 나아가게끔 만들어야 한다. 사람들은 어떤 대화를 나눌 때 무의식적으로 '흐름'에 끌려가는데, 사전에 내가 원하는 방향으로 자연스럽게 이끌어 가는 것이다.

나는 마케팅을 할 때 고객이 원하는 것이 무엇인지, 어떤 감정에서 움직이는지를 파악하고, 그들의 선택을 설계했다. 광고나 판매에서 내가 원하는 방향으로 고객이 선택하도록 유도했다. 이는 '심리 해킹'이다. 내가 고객의 무의식을 이해하고, 그들의 선택을 자연스럽게 이끌어낸 것이다.

마케팅은 단순히 물건을 파는 것이 아니라, 사람의 선택을 설계하는 것이다.

불필요한 관계를 정리하라. 나 역시 주변 사람들의 말에 휘둘리던 시절이 있었다. "이렇게 해야 안정적이지", "넌 이게 맞아." 결과적으로 그들의 말은 나를 '좁은 길'로 몰아넣었다. 내가 선택하고, 설계한 길이 아니라, 그들의 선택에 맞춰서 살아왔다. 이제 나는 그들의 말에 흔들리지 않는다. 대신에 나의 삶에 영향을 미치는 사람들, 내 삶을 함부로 재단하여 더 좁히고 위축시키는 사람들과는 거리를 두었다.

그러니 당신도 주변 사람들과의 관계에서 항상 되물어라. "이 사람의 말이 내 삶에 어떤 영향을 주는가?" 만약 불필요한 관계라면 과감히 정리하는 것이 좋다.

작은 선택들이 쌓여 큰 변화를 만든다. 큰 변화를 만들려면 먼저 작은 선택들이 쌓여야 한다. 내 삶의 작은 선택들에서부터 변화를 만들기 시작해야 한다. 하루하루 내가 원하는 방향으로, 내가 설정한 목표를 향해 내린 작은 선택들이 모여 나를 '새로운 방향'으로 이끌어간다.

예를 들어 나는 학교를 그만두고 알바를 전전할 때, 그 자체가 '나의 선택'이라고 믿었다. 즉 나의 선택은 더 이상 주변의 기대에 맞춰서 한 것이 아니라, 내가 선택한 방향으로 나아가고자 하는 의지의 결과였다.

조금씩, 꾸준히 행동하라. 행동은 생각보다 강력하다. 우리가 덜 생각하고 행동을 실행하는 순간, 우리 삶을 변화시킬 수 있다. 변화는 행동에서부터 시작하는 것이다. 먼저 행동을 시작하면 흐름이 생겨 지속해서 이어지게 된다. 그렇다면 우리는 무엇부터 시작해야 할까? 지금 당장 내가 원하는 방향으로 한 가지 선택을 내리고, 그 선택을 위한 행동을 시작하라. 가볍게 행동하는 것만으로도 성취감을 얻을 수 있으며, 이러한 행동을 점차 쌓아가면서 큰 변화로 연결될 것이다.

'덜 생각하고 더 잘사는 법'은 단순히 더 쉽게 살자는 것이 아니다. 선택을 설계하고, 더 나은 방향으로 나아가는 방법이다.

"당신은 '선택의 주인'이 되어야 한다."

더 이상 주변의 기대나 불안감에 휘둘리지 말고, 내 삶의 설계자가 되어라. 그 선택이 당신을 바꿀 것이다. 당신의 선택이 내일을 만든다. 이제 흐름을 설계할 준비가 되었는가?

당신은 이미 목에 걸린
다이아몬드 목걸이를 찾아
방마다 헤매고 있다.

루미(Rumi)

Chapter 4

일상의 모든 순간,
생각 정리가 필요하다

신철우

사무직 30년, 대표이사 10년의 직장 생활을 마치고, 현재 '파란몽키 집수리' 대표로 마포 지역에서 출장 집수리를 하고 있다. 직장생활 누구보다 잘 나간 줄 알았지만, 정작 오너에게 칭찬 한 번 제대로 받은 적이 없었다. 항상 정신적으로 힘든 나날이었다. 지금은 집수리로 5, 10만 원을 받으면서도 고객의 불편을 해결해줘서 고맙다는 감사 인사를 듣는 멋진 자영업자로 행복한 노후를 즐기고 있다. 인생의 성공이란 '좋아하는 일을 하면서 주변 사람들과 행복하게 지내는 것'임을 후배들에게 전하고 있다.

블로그 blog.naver.com/bookoo1234

01
나를 고치려는 생각이 문제다

쿠팡 장바구니에 담아둔 자기계발서만 7권, 유튜브에 '좋아요'를 누른 습관 개선 영상은 셀 수 없이 많고, 갤러리에는 작심삼일로 끝난 계획표들이 쌓여있다. 핸드폰을 열 때마다 팝업되는 수많은 알림들, '○○ 하면 인생이 바뀝니다', '○○만 고치면 성공합니다.' 문득 이런 생각이 든다. '**우리는 언제부터 이렇게 자신을 고치는 일에 집착하게 된 걸까?**'

매일 아침 5시 기상 목표를 실패한 직장인 A 씨는 말한다. "저는 게으른 사람이에요. 이 습관만 고치면 제 인생이 달라질 것 같은데…" 육아와 살림에 지친 B 씨는 날마다 '할 일 목록'을 업데이트하며 한숨을 쉰다. "다른 엄마들은 다 잘하는 것 같은데, 나는 왜 이것밖에 못 하지?"

여기서 잠깐 스마트폰 이야기를 해보겠다. 스마트폰을 강제로 업데이트하면 어떤 일이 일어나는가? 종종 시스템이 다운되거나 오히려 더 느려진다. 최악의 경우 먹통이 되어버린다. 우리도 마찬가지다. 무리한 자기 개선은 오히려 우리를 지치게 만들고, 때로는 완전히 무기력하게 만들어버린다.

"사람은 고쳐 쓴다는 말은 틀렸다.
애초에 사람은 고장 난 물건이 아니기 때문이다."

주말마다 정원을 가꾸는 친구가 재미있는 말을 들려줬다. "식물을 강제로 잡아당겨 키우면 죽어. 그저 물과 햇빛을 주고 기다리면 되는 거야."

나는 친구의 말을 듣고 '우리의 성장'도 식물과 다르지 않다는 사실을 깨달았다. 즉 과도한 자기계발서 읽기와 끝없는 자기 혁신 시도는 좋지만, 그에 동반하는 자책은 오히려 우리를 억누를 수 있다. 실제로 가장 성공적인 변화는 '덜 생각하기'에서 시작된다.

예를 들어 '난 왜 이것밖에 못 하지?'라고 생각해도, 막상 따져 보면 당신이 해낸 일이 더 많다. 아이를 잘 키우고 있고, 직장에서 맡은 일도 해내고 있으며, 가끔은 실수하면서도 매일 살아내면서 그 하루만큼 성장한다.

그런데 우리는 왜 '고쳐야 할 것'만 찾는 걸까? 자신을 개선하려는 목표는 물론 강한 동기 부여가 되지만, 자칫 과도한 욕심으로 변질되어 앞으로 나아가는 것을 막게 된다. 욕심을 버리면 굳이 무리해서 자신을 바꾸지 않아도 스스로 변화될 수 있다.

"나답게 사는 삶이 곧 '진정한 나'로서 변화되는 방식이다."

남이 아닌 '진정한 나'로서 얼마든지 개선될 수 있다. 스스로 개선할 수 있는 세 가지 방법을 소개하겠다.

첫째, '고치기'가 아닌 '관조하기'를 시도하라.
마치 자신의 다큐멘터리를 찍듯이 아무런 판단 없이 자신을 지켜보는 것이다. 설령 목표한 기상 시간에 일어나지 못했어도 '아, 오늘은 늦잠을 잤네. 피곤했나 보다'라며 자신을 관조하는 것이다.

둘째, 하루 타임라인(Timeline)에 '아무것도 안 하는 시간'을 넣어라.

진짜다. 그리고 그 시간에는 정말 아무것도 하지 말자. 심지어 자기 개선에 대한 생각 자체를 하지 않는 게 좋다.

셋째, 단 하루라도 '나는 이미 충분해'라고 되뇌어라.

오늘 하루만이라도 내가 어디에 있든 무엇을 하든 스스로 충분하다고 생각하라. 이는 실수했을 때도 마찬가지다. 일이 잘 안 풀린다고 불안해할 필요 없다.

식물이 자라나는 데도 시간이 필요하다. 겉으로 보기엔 아무 변화가 없는 것 같아도, 이미 땅속에서는 뿌리가 자라고 있다. 우리의 성장도 마찬가지다. 당신이 고민하는 지금 이 순간에도, 당신은 이미 충분히 잘 자라고 있다. 다만 우리가 그것을 알아채지 못할 뿐이다. 그러니 더 이상 자신을 고치려 애쓰지 말자.

"대신 오늘은 조금 '덜 생각하고 더 편안하게' 살아보는 건 어떨까?"

자, 이제 당신의 핸드폰에 있는 자기계발 동영상을 지워도 괜찮다. 무리해서 나를 바꾸려고 하거나, 밑도 끝도 없는 성공 신화 이야기는 역효과를 일으킬 뿐이다. 오히려 그럭저럭 좋은 상태라고 받아들이기만 해도 많은 게 바뀌리라 믿는다.

어려운 일을 재미있게 만들어라

보통의 직장인이라면 공감할 만한 이야기다. 방대한 업무량에 끊임없는 야근, 매일 치고 들어오는 일들을 간신히 처리한다. 지친 몸으로 퇴근해서 집에 오지만 쉴 틈이 없다. 아직 잠들지 않은 아이들과 놀아주면서 하루를 마무리한다. 아이들이 잠든 늦은 밤, 거실 소파에 몸을 기대며 생각한다.

'오늘은 미뤄둔 책을 읽자. 그다음 내일 업무를 위해 자료 정리도 해야지.'

마음속으로 굳게 다짐한 순간 스마트폰 화면이 반짝인다. 무심결에 짧은 영상 플랫폼 앱을 열었고 불과 몇 초 만에 재생되는 익살스러운 영상들은 별다른 노력 없이도 손쉽게 웃음을 선사했다. 반면 책을 펼치는 건 쉽지가 않다. 첫 페이지부터 머리가 무거워졌고, 다음 페이지를 넘기기 전에 몸이 뒤로 처졌다. 생각해 보자. 왜 우리는 스스로 선택한 것조차 실행하기가 어려운 걸까? 그리고 무엇이 우리를 즉각적 보상의 달콤한 덫으로 이끌었을까?

인간의 뇌는 본질적으로 '즉각적인 만족'을 추구하는데, 이는 진화심리학적인 관점에서 충분히 설명할 수 있다. 인류가 문명을 이루기 전인 원시 시대에 사피엔스(Sapiens)는 들소나 사슴 등을 사냥하기 위해 전략을 짜고 행동했다. 즉 눈앞에 나타난 먹을거리를 바로 섭취하는 건 '생존'에 유리했고, 그 본능은 현대까지 이어졌다. 결과적으로 '미래를 위한 준비'라는 추상적이고 지연된 보상보다 '지금 이 순간의 쾌락'을 더 선호하는 심리적 습성이 형성됐다.

마찬가지로 지금 책을 읽거나 장기적인 성과를 올리고자 자기계발을 시도하는 것은 당장 눈에 띄는 보상이 없다. 이에 비해 영상을 보거나 게임을 하는 것은 몇 초 안에 달콤한 즐거움을 제공한다. 그렇기에 우리의 뇌는 아무리 굳게 결심해도 그 실행까지 어려운 것이다.

"인간은 환경을 재구성하고, 의식적인 전략으로 자기 뇌를 길들이는 인지 능력을 갖추고 있다."

이러한 사실은 '마시멜로 실험'을 통해 설명할 수 있다.

1970년 스탠퍼드대학교의 심리학 연구진은 3~5세의 아이들 앞에 마시멜로를 놓고, 15분 동안 먹지 않고 기다리면 하나를 더 주겠다고 설명한 뒤 아이들이 마시멜로를 먹는지 참아내는지를 관찰했다. 실험 결과, 몇몇 아이들은 마시멜로를 바로 먹었고, 몇몇은 15분을 기다려 마시멜로를 하나 더 받아먹었다. 그런데 몇 년 후 실험에 참여한 아이들을 추적한 결과 놀라운 사실을 알아냈다. 마시멜로의 유혹을 참을 수 있었던 아이들이 학업 성적은 물론 스트레스를 견디는 힘이 강했다는 것이다.

널리 알려진 실험 사례지만 어른인 우리는 '마시멜로 효과'를 일상에서 느끼고 있다. 직장에서, 사업에서, 온갖 어려움 속에서도 잘 견뎌내면 충분한 보상이 따라온다는 사실을. 우리 뇌는 즉각적인 만족을 추구하게끔 설계되었지만, 이를 단순히 본능으로만 받아들이지 않고 현명하게 활용하는 방법을 찾는 게 중요하다. 책 읽기나 업무 준비가 무겁게 느껴진다면, 그 무게를 덜어낼 '작은 즐거움'을 더

해보자.

그렇다면 어렵게 느껴지는 일을 어떻게 재미있게 만들 수 있을까? 가장 손쉬운 전략은 '즉각적 만족'을 어려운 일에 덧입히는 일이다. 예를 들면 청소할 때 좋아하는 음악을 듣는 것이다. 흥겨운 선율은 단순히 지루하고 힘든 노동을 경쾌한 활동으로 바꾸어준다. 또는 운동을 하며 흥미로운 팟캐스트를 듣거나, 공부 중간중간에 향긋한 차를 한 모금 마시는 것도 같은 효과를 낸다.

"어려운 일에 작은 즐거움을 더하면, 뇌는 그 일을 지루한 의무가 아니라 유쾌한 놀이로 받아들인다."

그러면 구체적으로 어떻게 해야 할까? 먼저 '미니 보상 시스템'을 구축하라. 예를 들어 30분 동안 집중해서 책을 읽고 5분간 휴식을 취하거나 달콤한 간식을 먹는 식이다. 또는 친구나 동료와 함께 '오늘 읽은 페이지 수 공유하기'나 '일주일간 운동 인증하기'를 시도해 보라. 혼자서 끙끙 앓던 자기관리 활동이 서로를 격려하고 웃으며 도전하는 게임으로 바뀔 것이다.

중요한 것은 미래의 보상을 눈앞에 끌어오고, 어려운 일을 매력적인 놀이로 재구성하는 것이다. 물론 우리의 뇌가 즉각적 만족을 선호한다는 사실은 변함없다. 하지만 우리는 이를 역이용해 환경을 재설계하고 만족감을 직접 설계할 수 있다. 장기적 목표를 모험 게임처럼 단계별 스테이지로 구성하고, 중간중간 소소한 보상과 즐거움을 배치해 보자. 처음엔 막막하던 목표도 한 걸음씩 다가가는 과정 자체가 의미 있고 신나는 모험으로 받아들여질 것이다.

"인생이란 긴 여행에서 겪는 어려운 일들은 우리를 더 나은 방향으로 이끄는 잠재력이 있다."

어려움 끝에 따라오는 보상은 온전히 우리의 노력에 달렸다. 그러니 이제 주저하지 말고, 오늘 해야 할 '어려운 일'을 골라보자. 그리고 그 일을 좀 더 '재미있게 만드는 방법'을 고민해 보자. 그 작은 실천이 장기적 목표를 향한 발걸음을 한층 가볍게 만들어줄 것이다.

03
뇌과학이 알려주는 시간대 활용법

현대 사회에서 '시간'은 일종의 자원과 같다. 물론 노동력과 자본도 중요하지만, 지금의 정보화 시대에서 가장 중요한 자원은 시간이다. 잃어버린 시간은 다시 찾을 수 없기에 주어진 시간을 어떻게 활용하느냐에 따라 삶의 질이 달라진다. 당신도 하루의 시간을 어떻게 효율적으로 사용할지 고민할 것이다. 하지만 이런 고민은 자칫 심리적인 부담과 과도한 스트레스를 받게 된다. 그렇다면 어떤 해결 방법이 있을까? 이를 뇌과학적인 관점에 따른 시간대 활용으로 설명하겠다.

도시의 불빛이 어둠 속에서 희미하게 번지는 밤이 되면,

우리는 자연스럽게 하루의 긴장을 내려놓는다. 텔레비전의 낮은 소리, 책장에 꽂힌 책의 종이 냄새, 스마트폰 속 새로운 정보들이 우리의 주변을 채운다. 이 시간대 인간의 뇌는 한낮의 소음과 속도에서 벗어나 깊은 사유와 집중이 가능한 상태로 전환된다.

밤은 우리의 감각을 열고 지식과 감정을 받아들이는 데 적합한 '입력'의 시간이다. 반면 아침은 밤새 쌓아둔 자원을 새로운 결과물로 창출하는 '출력'의 시간으로 전환된다. 맑은 공기와 부드러운 햇살 속에서 의식은 또렷해지고, 새로운 하루를 준비할 힘을 얻게 된다.

"밤은 정보를 흡수하는 '입력'의 시간이고, 아침은 그것을 활용하는 '출력'의 시간이다."

직장인 A 씨의 사례를 들겠다. 하루 일과를 마친 A 씨는 집으로 돌아와 자연스레 책상에 앉는다. 먼저 조명을 낮추고 사회심리학 책을 펼쳐 천천히 읽으며 페이지를 넘긴다. 낮 동안 바쁘게 돌아가던 '업무용 사고'에서 벗어나 자신이 몰랐던 개념과 이론을 차분히 흡수한다. 때로는 해외 드라마를 시청하며 복잡한 스토리에 감정을 이입하거나, SNS

를 통해 친구들의 일상과 관심사를 살펴보기도 한다. 이러한 '입력의 시간'은 A 씨에게 지적·정서적 자양분을 제공하며 하루를 마감하는 중요한 의식이다.

다음 날 아침, A 씨는 일찌감치 일어나 스트레칭으로 몸을 깨우고, 전날 밤 머릿속에 새겨둔 내용을 바탕으로 블로그 칼럼을 작성한다. 전날 배운 내용을 논리적으로 정리하며 창의적인 통찰을 덧붙여 한 편의 글을 완성한다. 밤이 정보와 감정의 흡수 과정이었다면, 아침은 그것을 현실로 구현하는 시간임을 실감한다. 이러한 작은 변화는 그의 생산성을 눈에 띄게 향상시키며, 삶에 질서와 리듬을 부여한다.

"밤 시간의 입력은 아침 시간을 통해 분명하고 유용한 결과물로 재탄생한다."

인간의 뇌는 시간대에 따라 더 효과적으로 수행할 수 있는 작업의 특성이 달라진다. 밤에는 외부 자극이 줄어들며 '내면의 목소리'에 집중할 수 있다. 이런 밤 시간에는 소리, 향기, 이미지 등 다양한 감각의 조각들이 정신 속으로 스며들어 풍부한 사고의 토양을 형성한다. 아침은 밤에 쌓아둔 재료를 바탕으로 새로운 결과물을 만들어내는 데 적합하다.

이러한 '시간대 활용'은 우리 삶의 흐름을 재구성하고, 성장과 창조의 과정으로 전환한다. 밤과 아침, 이 두 시간대는 단순히 하루의 시작과 끝이 아니라, 정신적·심리적·창조적 잠재력을 극대화할 수 있는 중요한 도구이다. 다시 말하면, 밤은 '입력'의 무대, 아침은 '출력'의 창구가 된다. 이 두 시간대를 의식적으로 설계하면, 우리의 하루는 한 편의 아름다운 교향곡처럼 조화롭고 풍성한 성취로 가득 찰 것이다.

04
5초의 법칙, 망설이지 말고 실행하라

당신에게 5초를 주겠다. '5, 4, 3, 2, 1…' 무엇이 떠오르는가? 그 일을 바로 시작해 보라. 망설이지 않아도 된다. 간단한 일이라도 괜찮다. 책상 위를 간단히 정리하거나, 물 한 잔을 마시러 가거나, 잠시 일어나 몇 발짝이라도 걷는 행동이면 충분하다. 방금 그 '5초'는 당신의 생각을 행동으로 바꾸는 계기가 되었는가? 아니면 여전히 머릿속에서 고민만 반복하며 시간을 보내고 있는가?

누구나 행동과 생각 사이에서 주저하는 순간을 겪는다. '지금 시작할까, 아니면 나중에 할까.' 이런 고민은 결국 소중한 시간과 에너지를 낭비하게 만든다. 이런 망설임의 상황에서 '5초의 법칙'은 유용한 해결책이 된다. 5초의 법칙(5 Second Rule)은 미국의 동기부여 강사이자 작가인 멜 로빈스(Mel Robbins)가 소개한 것으로, 무언가를 해야겠다는 생각이 들면 5초 안에 실행하라는 것이 핵심이다.

그렇다면 왜 5초일까? 인간은 무엇을 생각한 지 5초가 지나면, 그 무엇을 하지 않으려는 성향이 있다. 아마 당신도 그런 경험이 있을 것이다. 당장 무엇을 해야 하지만, 온갖 이유를 들먹이며 이따가, 내일로, 모레로… 점점 미루다가 끝내 하지 않는다. 짧은 5초에 불과하지만, 그 무언가에 대해 부정적인 변명을 만들기에 충분한 시간이다. 그렇기에 5초 안에 생각한 것을 실행함으로 뇌가 무의식적으로 안 하려고 하는 습성을 막으려는 것이다.

"중요한 것은 5초 안에 '작은 행동'이라도 바로 실행하는 것이다."

또한 인간의 뇌는 매 순간 막대한 양의 정보를 처리해야 한다. 하지만 동시에 처리할 수 있는 자원은 한정적이기에 선택 사항이 많을수록 과부하 상태에 빠지기 쉽다. 이를 심리학에서는 '정보 과부하(Information Overload)'라고 한다. 이런 사례는 일상에서 쉽게 볼 수 있다. 우리는 음식점에서 메뉴가 지나치게 많으면 '무엇을 먹어야 할까' 고민만 하다가 결국 가장 무난한 메뉴를 고르거나 결정을 포기하는 상황에 이른다. 이것이 바로 정보 과부하를 겪는 뇌의 전형적인 반응이다.

정보 과부하 상태에 놓인 뇌는 최적의 결정을 내리기 위한 에너지를 효율적으로 사용하지 못한다. 그러다 결국 아무것도 하지 못하는 상황에 빠진다. 이럴 때 5초의 법칙을 활용하면 정보 과부하의 함정에서 벗어나 즉각적인 행동으로 이어질 수 있다. 5초의 법칙은 매우 단순한 '뇌 해킹 기법'이다. 특정 행동을 결심한 순간부터 망설이기 전에 5초를 거꾸로 세며 바로 실행에 옮기는 원리다.

마음속으로 '5, 4, 3, 2, 1'을 세고 아무 고민 없이 움직여라. 이렇게 숫자를 거꾸로 세는 짧은 과정이 생각을 멈추게 하고, 행동을 촉발하는 방아쇠 역할을 한다. 이때 뇌는 '생각 모드'에서 '행동 모드'로 전환되어 불필요한 고민을 차단한다. 이러한 5초의 법칙을 통해 우리는 즉각적인 실행력과 부정적인 감정을 차단할 수 있으며, 무엇보다 성취감을 얻을 수 있다.

다음은 일상에서 5초의 법칙을 활용한 사례이다.

1. 아침에 일어나기

알람이 울릴 때 대부분 '5분만 더'라고 생각하며 침대에 머문다. 이때 5초의 법칙을 적용하면 알람이 울린 순간 '5, 4, 3, 2, 1'을 세고 바로 일어날 수 있다. 이런 작은 변화가 하루를 새롭게 시작하게 만든다.

2. 발표 준비하기

한 대학생은 발표 준비를 하며 '조금 더 완벽하게 준비해야지'란 생각으로 자료 정리만 반복했다. 발표 전날에야 연습 부족을 깨닫고 당황했다. 만약 '지금 시작할까?'라는 생각이 들자마자 5초를 세고 바로 연습했다면 더 나은 결과를 얻었을 것이다.

3. 운동 시작하기

퇴근 후 '운동하러 갈까, 내일 할까?' 고민하는 상황에서도 5초의 법칙을 적용할 수 있다. 운동복을 입고 문을 나서는 데에는 단 5초면 충분하다. 이런 작은 실천이 건강한 습관을 형성하고 삶에 긍정적인 변화를 가져온다.

5초의 법칙은 전두엽(Prefrontal Cortex)의 활성화 원리에 바탕을 두고 있다. 전두엽은 의사결정과 행동 조절을 담당하는데, 숫자를 거꾸로 세는 과정은 전두엽을 자극하여 생각 대신 '즉각적인 행동'을 유도한다. 즉 숫자를 거꾸로 세는 단순한 과정만으로도 뇌는 집중 대상을 전환한다. 이로써 망설임에서 행동으로 전환하기 쉬워진다. 이는 신호등이 빨간불에서 초록불로 바뀌는 순간, 자동차가 자연스럽게 출발하는 원리와 유사하다.

이렇듯 5초의 법칙은 단순하지만 강력하다. 언제나 망설임 없이 바로 행동할 수 있는 작은 변화가 쌓이면 결국 큰 결과로 이어진다. 현재 당신의 앞에는 어떤 결정을 미루고 있는 일이 있는가. 더 이상 생각하지 말고 5초를 세어보라.

"5, 4, 3, 2, 1⋯ 바로 행동하라. 짧은 5초가 삶의 전환점이 될 수도 있다."

건강한 자존감을 회복하라

어느 산골 마을에 신발 수선공이 살았다. 그는 이 마을의 유일한 신발 수선공이었는데, 언제나 새벽부터 밤늦게까지 사람들의 신발을 고쳤다. 수선일은 끝이 없었다. 산골이지만 경관이 아름다워 꾸준히 많은 여행객이 몰려왔고, '공동체'라 여기는 마을 사람들은 필요할 때마다 그에게 신발을 맡겼다. 신발을 맡기려 길게 줄을 선 사람들은 기다림에 지쳐 간혹 짜증을 냈지만, 신발 수선공은 늘 밝은 웃음으로 사람들을 맞이하며 한마디 불평 없이 묵묵히 일했다.

낡은 가죽을 어루만지고, 떨어진 굽을 맞추며, 터진 실밥을 하나하나 정성스레 꿰매는 그의 손길은 쉴 틈이 없었다.

문제는 정작 신발 수선공 자신의 부츠는 점점 낡아갔다는 데 있었다. 이 '작은 모순'은 처음엔 눈에 띄지 않았지만, 시간이 흐를수록 짙은 그림자를 드리우기 시작했다. 그는 자신의 부츠를 고칠 시간조차 없을 만큼 바쁘고 헌신적이었다. 하지만 헌신이 꼭 자기를 희생해야 하는 건 아니다.

"자신을 돌보지 않는 헌신은 결국 누군가의 불행이 된다."

우리 주변에서도 비슷한 모습을 쉽게 볼 수 있다. 리더, 부모, 사회복지사, 교사, 또는 가정을 꾸려가는 가장과 주부까지 누군가를 '돌보는' 자리에 있으면, 자기 자신은 뒷전으로 미뤄두기 일쑤다. 그러다 보면 '내면의 소리'는 점점 희미해지고, 나를 위한 쉼과 돌봄은 멀어진다. 그럴수록 우리 안에서 무언가가 서서히 무너져간다. 신발 수선공의 부츠처럼, 자신을 돌보지 않으면 일을 이어갈 힘마저 조금씩 잃게 된다.

여기에는 깊은 심리학적 깨달음이 숨어 있다. 우리는 자신을 아끼고 돌볼 때 건강한 자존감이 자라난다. 자존감은 '나를 소중히 여기는 마음'이며, 이는 일상을 지탱하고 마음의 균형을 잡는 뿌리가 된다. 만약 남을 돌보느라 내 안의 경고 신호를 무시한다면, 결국 '소진(Burnout)'이라는 파도에 휩쓸리고 만다.

"내 안의 작은 신호를 무시할 때마다 삶의 큰 균열이 시작된다."

신발 수선공의 이야기는 한 사람의 슬픈 사연을 넘어, 우리가 서로 얼마나 깊이 연결되어 있는지를 보여준다. 그는 많은 여행객들과 마을 사람들의 신발을 고치며 살아가고, 공동체에 보탬이 되었다. 하지만 자신의 부츠는 고치지 못한 채 남들 것만 고치느라 치른 대가는 컸다. 시간이 흐르면서 그의 발에는 물집이 잡히고 상처가 깊어져, 결국 제대로 걷지도 못하게 되었다. 이제 더는 남의 신발을 고칠 수 없게 된 것이다. 그러자 마을 사람들도 함께 아픔을 겪었다. 모두에게 그가 필요했지만, 정작 그는 자신을 돌보지 않은 탓에 많은 사람들이 불편을 겪어야 했다.

자기 자신을 외면한 채 무리하다 보면, 어느 순간 더는 맡은 일도 할 수 없고, 누군가를 돕고 싶어도 그럴 힘이 남지 않는다. 이런 모습은 우리 주변에서 쉽게 찾아볼 수 있다.

직원들을 위해 애쓰던 상사가 건강을 잃고 쓰러지면, 회사 전체가 혼란에 빠진다. 학생들을 위해 열심이던 교사가 자신을 돌보지 못해 지치면, 학생들의 배움에도 금이 간다. 가족을 위해 자신을 잊고 살던 부모는 몸과 마음이 지치고, 온 가족이 서로 예민해져 지친 관계 속에 머물게 된다. 이런 사례들은 '내가 먼저 건강해야 남도 잘 돌볼 수 있다'는 단순하지만 잊기 쉬운 진실을 다시 일깨운다.

결국 책임이 클수록 자기 돌봄은 더욱 중요하다. 하지만 여기서 한 걸음 더 생각해 보자. 나를 돌보는 일은 단순히 내 안녕만을 위한 게 아니다. 이는 더 넓게 보면 우리 사회가 오래 건강하게 발전하는 것과 맞닿아 있다.

"자신을 아끼는 마음의 깊이만큼 타인을 돌보는 힘도 깊어진다."

자신을 돌보는 사람들이 많아질수록 공동체는 지치고 무너지는 악순환에서 벗어나, 오히려 서로를 더 잘 이해하고 돕는 문화로 자라난다. '자기 돌봄'은 미래를 위한 씨앗이다. 당장의 일에 매달려 자신을 소모하기보다, 긴 안목으로

'나'를 건강하게 가꿀 때, 결국 주변 사람들과 조직, 나아가 사회 전체에도 좋은 영향을 준다. 이는 단순히 살아남기 위한 방법이 아니라, 우리 모두가 오래도록 좋은 관계를 맺고 함께 성장하는 밑거름이 된다.

신발 수선공 이야기의 교훈은 우리 사회 어디에나 통한다. 자신에게 시간을 들여 마음과 몸의 힘을 키우는 일은 아무도 대신할 수 없는 삶의 기초다. 이 바탕이 단단할 때 나는 물론 우리가 모두 서로를 든든히 지키며 자랄 수 있다.

자신을 아끼고 보살피자. 그것이야말로 당신이 맡은 일과 관계, 그리고 우리 사회에 오래도록 생기를 불어넣을 깊고 튼튼한 뿌리라는 걸 이제는 마음 깊이 새겨야 할 때다.

Chapter 5

더 나은 삶을 위해
필요한 뇌 활용법

김연재

현 윤선생스마트랜드 창원센터 센터
장으로, 18년 동안 1천여 명의 아이
들을 가르친 경험과 사례로 처음 부
모가 된 이들을 대상으로 '우리 아기
첫 영어'를 강의하고 있다. '아이의
단점은 곧 장점이 될 수 있다'란 신념
으로 유아 발달에 따른 다중언어교
육 기반의 영재교육 프로그램을 개발
해 좋은 성과를 거두었다. 또한, 언어
발달 지연 판정을 받았던 자녀를 영
재로 키워낸 엄마이기도 한 저자는,
뇌과학과 자녀 교육을 접목하여 올
바른 육아에 필요한 부모의 역할을
소재로 집필 활동을 하고 있다.

스레드 @yoons_smartland_changwon
블로그 blog.naver.com/englishsmartland

01

덜 생각하고,
더 잘 잘 살기 위한
과학적 접근법

우리는 종종 머릿속이 복잡하게 돌아가는 순간을 맞이한다. 출퇴근길 만원 지하철이나 긴장되는 회의 테이블에서, 일과를 끝내고 잠자리에 들기 전 등 뒤엉킨 고민들 속에서 헤맨다. 그러면서 스스로 '나는 왜 생각이 많을까'하는 의문이 올라온다.

"왜 이렇게 쓸데없는 고민을 계속할까?"

사실 고민에 빠진 사람들의 심리는, 문제를 해결하려는 노력보다 고민하는 것이 훨씬 편하다. 자신도 고민만 해봤자 아무 도움이 안 된다는 사실은 알고 있다. 하지만 무의식적으로 고민의 이면에 있는 불안이나 분노 등에 사로잡혀 쓸데없는 생각과 고민을 반복하는 것이다. 아이러니하게도 생각을 줄이려고 애쓸수록 머릿속 톱니바퀴는 더 빠르게 돌아가고, 결국 지치고 만다.

이럴 때 우리는 '덜 생각하고 더 잘 사는 법'을 갈망한다. 굳이 거창한 철학적 성찰이 없어도 된다. 언제나 반복되는 '생각의 굴레'를 벗어나 일상에서 한결 가벼운 마음으로 살아갈 순 없을까? 놀랍게도 그 해답은 이미 우리 안에 있다. 인간의 뇌 속에서 분비되는 도파민, 세로토닌, 옥시토신 같은 신경전달물질은 생각 과잉의 소용돌이에서 우리를 꺼내준다.

즉 우리에게 '정신적 안정', '즐거움', 그리고 '유대감'을 불어넣어 불필요한 사유(思惟)를 잠시 내려놓게 한다. 그래서 '행복 호르몬'이라고도 부른다.

"뇌는 원래 '덜 생각해도 충분히 괜찮은' 상태가 되는 비밀 열쇠를 쥐고 있다."

생각이 많아질수록 삶은 무거워진다. 매사 '어떻게 하면 좋지?'라는 생각으로 시작하면 일상의 소소한 선택조차 부담스럽게 느껴진다. 이때 '행복 호르몬'은 우리가 대안을 직접 '생각'해 내기 전에 우리 내면에서 이미 답을 준비하고 있다.

그렇다면 이 신경전달물질을 어떻게 활용하면 좋을까? 세 가지 신경전달물질의 특징과 이를 실생활에서 활용하는 방법들을 소개하겠다.

■ 행복 호르몬의 종류와 활용법

도파민(Dopamine) : 성취와 보상, 의욕을 불러일으키는 호르몬이다. 작은 성공을 경험할 때나 상쾌한 자극을 받을 때, 뇌는 '이 정도면 충분히 할 만해!'라고 용기를 준다.

활용 사례 : 아침마다 '오늘 하루도 버텨낼 수 있을까?' 고민하지 말고, 단순한 행동으로 도파민을 깨워보자. 예를 들어 3~5분간 찬물 샤워를 시도하자. 처음에는 '너무 차가울 텐데?', '감기 걸리면 어쩌지?' 등 생각이 폭주한다. 하지만 막상 찬물 샤워를 하는 순간, 생각은 끊기고 온몸에 깨어있

는 감각이 스며든다. 이때 도파민이 상승하며 활력과 자신감을 북돋운다. 3일만 지속해도 아침마다 '이 기분 꽤 괜찮은데?'라고 느낄 것이다.

단백질이 풍부한 식사나 아침 햇볕 쬐기, 충분한 숙면도 비슷한 효과를 낸다. 작은 습관이 쌓여 성취감이 커지면, 굳이 '이걸 어떻게 처리해야 하지?' 고민하지 않아도 '해볼 만하다'라는 기분이 먼저 자리 잡는다.

세로토닌(Serotonin) : 마음에 평화로움과 안정을 주는 호르몬이다. 충분한 휴식과 햇빛, 명상, 감사의 순간은 세로토닌을 활성화하고, 과도한 생각과 불안감을 잔잔하게 가라앉힌다.

활용 사례 : 무언가를 결정할 때마다 '실패하면 어쩌지?'라는 불안이 머리를 가득 채운다면, 세로토닌을 활성화해 불필요한 생각의 바람을 가라앉히자. 하루 20~30분 햇볕을 쬐며 산책하거나, 5분 명상으로 호흡에 집중하자. 처음에는 온갖 잡생각이 난무하지만, 일주일만 지속해도 '생각의 홍수'에서 빠져나와 '관찰자'가 된다. 즉 머릿속을 떠다니던 걱정이 곧 흩어질 구름 같은 것임을 깨닫게 된다. 감사

일기 쓰기나 자연 속에서 시간 보내기도 좋다.

　뇌에 안정감을 불어넣으면, 더 이상 사소한 문제로 머리를 굴리지 않아도 현재 상태를 담담히 받아들이게 된다. 그 결과, '어떻게 해야 하지?'가 아닌, '일단 지금 있는 것부터 차분히 해보자'로 전환된다.

　옥시토신(Oxytocin) : 관계 속 친밀감과 신뢰를 다지는 호르몬이다. 따뜻한 포옹, 작은 친절, 누군가와 나누는 진심 어린 대화는 '이 관계를 어떻게 정의해야 하지?'라는 머릿속 분석 대신 '함께라면 괜찮아'라는 단순하고 편안한 감각을 일깨운다.

　활용 사례 : 인간관계에서 '저 사람은 왜 저럴까?'하고 끊임없이 해석하다 보면 피곤해진다. 이때 복잡한 분석 대신 단순한 행동으로 옥시토신을 높여보자. 따뜻한 포옹이나 작은 친절 실천하기를 할 수 있다. 예를 들어 출근길에 뒤따르는 사람을 위해 문을 잠깐 잡아주는 사소한 행동을 일주일간 해보라. 하루 이틀은 별 느낌 없을 수도 있다. 하지만 서너 번 반복하다 보면, '이 관계를 어떻게 정의해야 하나?'라는 쓸데없는 생각보다 '내가 조금이라도 주변에 도움이

되는구나'하는 따스함이 먼저 떠오른다.

굳이 머리를 써서 생각하지 않아도, 그저 작은 선행 하나로 뇌는 자연스럽게 '괜찮아, 이렇게 단순해도 돼'라는 신호를 보낸다. 사랑하는 사람과 대화를 나누거나, 낯선 이에게 미소를 건네는 것 역시 마찬가지다. 관계가 가벼워지면 분석할 문제들이 사라지고, 대신 간편한 신뢰감이 자리 잡는다.

이렇듯 세 가지 신경전달물질(행복 호르몬)이 균형 잡힌 상태에서 작동하면, 우리는 힘들게 머리를 싸맬 필요 없이 일상 흐름에 몸을 맡길 수 있다. 즉 '덜 생각하면서도 삶을 잘 굴려 나아갈 수 있는' 토대가 마련되는 것이다. 물론 모든 행동이 처음부터 매끈하게 들어맞는 것은 아니다. 찬물 샤워를 하다 몇 번은 포기할 수도 있고, 명상 중에는 잡생각이 도리어 더 많이 떠오를 수도 있다.

처음으로 낯선 이에게 친절을 베풀 때 어색함에 주저앉을 수도 있다. 하지만 이런 실패와 어색함은 과정의 일부일 뿐이다. 한 번 시도에 마음에 들지 않더라도 3일, 일주일 정도만 인내해 보자. 언제 효과를 낼지 모른다.

"성공 사례를 만드는 핵심은 완벽한 실행이 아니라, 꾸준한 시도에 있다."

작은 습관들이 차곡차곡 쌓이면, 덜 생각하는 상태가 단순히 '멍한 상태'가 아님을 알게 된다. 오히려 그것은 불필요한 회전 없이 필요한 생각만 맑게 들여놓는, 머릿속 공기가 맑아진 상태다. 아침 찬물 샤워 뒤 상쾌한 감각, 명상 후 찾은 고요한 마음, 작은 친절로 느낀 따뜻한 온기가 교차하며, 삶은 마치 서랍 속 잡동사니를 정리한 뒤 남은 깔끔한 공간처럼 가벼워진다.

이때 스스로 묻지 않아도 알게 될 것이다. '왜 이렇게 생각이 많지?'라는 질문이 어느덧 사라지고, '지금 이 순간, 충분히 괜찮네'라는 가벼운 만족감이 생겨난다. 복잡한 해답을 찾지 않아도 괜찮다. '깨어있는 몸, 안정된 마음, 따뜻한 관계'가 스스로 삶을 부드럽게 견인해 준다.

'덜 생각하고 더 잘 사는 법'은 멀리 있지 않다. 우리의 뇌는 이미 자연스러운 균형 장치를 갖추고 있고, 작고 구체적인 실천이 그 장치를 작동시켜서 지금 이 순간에 집중하게 만든다. 그때야 비로소 일상은 가벼워지고, 우리는 머릿속 부담 없이 더 잘 살아갈 수 있게 된다. 모든 것을 다 이해하거나 해결하지 않아도 '괜찮다'라는 사실을 우리의 뇌가 몸소 가르쳐주는 셈이다.

이렇게 단순하고 자연스럽게 흐르는 삶의 리듬 속에서, 당신은 덜 생각해도 충분히 의미 있고 풍요로운 하루를 맞이할 것이다.

02
각오하는 순간, 뇌의 구조가 바뀐다

우리는 새로운 목표를 세우거나 중요한 결심을 할 때 '정말 이걸 해낼 수 있을까?'라는 의문이 스멀스멀 올라온다. 이런 순간, 시작도 하기 전에 마음은 흔들리고 머리는 복잡해진다. 하지만 놀랍게도, 그 순간 우리의 뇌는 변화를 준비하고 있다. 이미 무언가를 각오한 순간부터 뇌의 구조가 바뀐다는 것이다. 따라서 각오는 단순한 결심 이상의 의미를 지닌다.

우리가 목표를 마음속에 그리고, 그 목표를 이루기 위해 진지하게 다짐하는 순간에 우리의 뇌는 '새로운' 길을 개척하기 시작한다. 예를 들어 매일 아침 일찍 일어나 운동을 하기로 결심한 사람이 있다. 처음에는 어렵고 버겁지만, 반복을 통해 뇌는 점차 이 새로운 습관을 받아들이게 된다. 이는 마치 복잡한 미로 속에서 새로운 길을 발견하는 것과 같다. 처음에는 헷갈리고 낯설지만, 반복할수록 '그 길'이 익숙해지고 자연스러워진다.

"뇌의 시각화 능력을 활용해 목표를 달성할 수 있다."

성공한 운동선수나 CEO들이 즐겨 사용하는 방법 중 하나가 바로 '뇌의 시각화'다. 이것은 단순히 목표를 머릿속에 그리는 것이 아니라, 그 목표를 생생하게 느끼는 것이다. 금메달을 목에 걸고 있는 자신을 상상하거나, 중요한 발표에서 청중의 환호를 듣는 장면을 떠올려보자. 이때 우리의 뇌는 마치 실제로 그 순간을 경험한 것처럼 반응한다. 이처럼 시각화는 단순한 상상이 아닌, 뇌의 신경망을 재구성하여 목표 달성을 위한 준비를 돕는 강력한 도구가 된다.

그런데 시각화 과정에서 느껴지는 감정은 매우 중요하다. 예를 들어 금메달을 목에 걸었을 때의 '뿌듯함', 청중의 박수에 느껴지는 '자신감' 등 감정을 생생하게 느끼는 것이 뇌의 변화를 더욱 촉진시킨다. 이러한 감정들은 실제로 그 순간을 경험한 것처럼 뇌에 깊이 새겨진다.

"감정이 담긴 시각화는 목표를 현실로 끌어당긴다."

뇌의 구조적 변화는 하루아침에 이루어지지 않는다. 매일 꾸준히 실천하는 것이 중요하다. 그러니 하루 5분씩이라도 자신의 목표를 시각화하는 시간을 가져보자. 가령 조용한 공간에서 눈을 감고 목표를 생생하게 그려본다. 그 순간 느끼는 감정과 감각을 최대한 구체적으로 상상해 보자. 예를 들어 중요한 발표를 성공적으로 마친 후 느끼는 안도감과 자부심을 마음속으로 체험하는 것이다. 이렇게 반복되는 작은 실천이 쌓이면, 뇌는 점차 새로운 신경망을 형성하면서 목표를 향한 길을 더욱 견고히 다져간다.

때로는 실천 과정에서 어려움을 겪을 수도 있다. 처음에는 상상이 잘되지 않거나 감정을 느끼기 어려울 수도 있다. 그럼에도 포기하지 않고 꾸준히 시도하면, 뇌는 이 과정을 자연스럽게 받아들이게 된다.

"꾸준함이 뇌의 변화를 완성시킨다."

작은 결심이 큰 변화를 이끄는 순간, 우리의 삶은 새로운 국면을 맞이하게 된다. 매일 아침 일찍 일어나 운동을 결심한 사람이 있다고 가정하자. 처음에는 힘들고 지칠지 몰라도, 꾸준히 실천하다 보면 뇌는 이미 그 습관을 받아들이고 자연스럽게 행동하게 된다. 이런 작은 결심이 뇌의 구조를 변화시키고, 이는 곧 우리의 삶 전체에 긍정적인 영향을 미친다.

또 다른 예로, 순수혈통의 아메리카 인디언족들은 말을 더듬지 않는다. 왜냐하면, 이들은 '말더듬'이라는 개념 자체가 없기 때문이다. 그들의 언어와 문화는 자연스럽게 유창함을 유지하도록 뇌를 설계했다. 마찬가지로 우리가 하는 각오는 뇌를 변화시켜 자연스럽게 목표를 향해 나아가도록 만든다. **단순히 마음속에 그리는 결심이 아니라, 뇌의 깊은 곳에서부터 시작되는 변화는 우리의 행동과 생각을 유창하게 만든다.**

다시 강조하지만, 우리의 뇌는 각오하는 순간부터 '새로운 길'을 향해 움직이기 시작한다. 마치 아메리카 인디언족이 말을 더듬지 않는 이유처럼, 우리의 뇌도 '각오'를 통해 자연스럽게 변화를 받아들여 목표를 향해 나아가도록 돕는 것이다. 작은 결심이 큰 변화를 이끄는 이 과정을 믿어보자. 지금 이 순간, 당신의 뇌는 새로운 길을 향해 이미 움직이고 있을지도 모른다.

삶을 주도하는 무의식 활용법

매일 아침, 현관문을 나서는 순간부터 모든 게 어제와 똑같다. 모퉁이를 돌면 늘 대기하듯 서 있는 횡단보도, 버튼을 누르고 나면 몇 초 뒤 규칙적으로 바뀌는 신호등, 그 건너편에선 매일 같은 시간에 문을 여는 분식집 사장이 교복 같은 앞치마를 두르고 있다. 짧지도 길지도 않은 걸음 끝에 변함없는 건물들 사이로 회사 간판이 눈에 들어온다. 어제나 오늘이나 차이가 없는 이 배경 속에서 머릿속 '할 일 목록'은 쉴 새 없이 돌아간다.

일상의 반복이 이어질수록 내 안의 '무의식'도 그 박자에 맞춰 오래된 프로그램처럼 같은 패턴을 재생하고 있는 듯하다. 우리 뇌는 과거 경험과 학습을 토대로 '자동 반응 패턴'을 만들고, 무의식은 그 패턴을 충실히 재생산한다. 달리 말하면, 지금 느끼는 불안과 복잡한 생각들은 한 번 습득된 낡은 프로그래밍이 계속해서 실행되고 있는 것일 수 있다.

그렇다면 이 오래된 프로그램을 '재프로그래밍'할 수는 없을까? 다행히도 뇌는 가소성(plasticity)을 갖고 있다. 즉 우리가 의도적으로 노력할 때 '새로운 회로'를 형성하고 강화하는 능력이 있다. 여기서 핵심은 **무의식에 숨어 있는 불필요한 반응 패턴을 덜어내고, 보다 단순하고 긍정적인 무의식적 흐름을 재구축해야 한다.** 이를 위해 손쉽게 실천할 수 있는 방법들을 소개하겠다. 이 방법들은 단지 머릿속 '표면 생각'을 줄이는 것을 넘어, 무의식에 깔려 있는 기반을 더 안정적이고 단순하게 바꾸는 데 도움이 된다.

■ 무의식을 재구축하는 방법

1. 의식적 호흡으로 '자동 반응'을 끊어내기

호흡은 매 순간 우리를 생존하게 하는 기본적 행동이지만, 평소에는 거의 무의식적으로 이루어진다. 이 호흡을 의식적으로 느끼고 조절하는 순간, 우리는 무의식의 오래된 패턴에서 빠져나올 수 있는 작은 틈을 만든다. 아침 출근 직전이나 밤에 잠들기 전, 1~2분간 의식을 호흡에만 집중해 보자. 천천히 코로 숨을 들이마시고, 길게 입으로 내쉬며 '이 순간 호흡만이 중요하다'라는 메시지를 무의식에 전달하라.

"뇌는 '고요한 호흡 상태 = 안전'이라는 인식을 만든다."

이런 연습을 반복하면 점차 다양한 상황에서 불필요한 걱정 대신 안정감의 프로그램을 재생성하는 기초 토대가 된다.

2. '감각 자극'으로 무의식의 재구조화 시도하기

출근길이나 점심시간, 또는 퇴근 후 집 근처 공원에서 자연의 소리에 집중해 보자. 나뭇잎이 바람에 스치는 소리, 새가 지저귀는 소리, 흙길을 밟는 발자국 소리 등은 모두 '감각적 자극'이다. 이런 단순한 감각 정보를 받아들이는 순간, 뇌는 현재에 존재하는 평온함을 무의식적으로 학습한다. 오랜 세월 축적된 불안의 프로그램이 '언제나 위험하다고 신호'를 보내왔다면, 이제 무의식은 '지금 이곳엔 실제 위험이 없으며, 감각적으로 편안하다'라는 새로운 데이터에 노출된다. 이러한 경험을 여러 차례 반복할수록 뇌는 점진적으로 불필요한 긴장 회로를 약화시키고, 단순한 평온 상태를 지속하는 신경 경로를 강화한다. 즉 '반복'이 새로운 뇌의 알고리즘을 만든다.

3. '작은 친절'로 무의식 패턴 전환하기

누군가에게 작은 도움을 건네는 행위는 겉보기엔 단순한 이타적 행동처럼 보인다. 하지만 이 과정에서 우리의 무의식은 '나와 타인 모두 안전하며, 연결되어 있다'라는 메시지를 입력받는다. 예를 들어 동료에게 따뜻한 차 한 잔을 건네거나, 주변 사람과 짧은 대화를 나눠보라. 이런 사소한 친절은 무의식적으로 '내가 도움이 될 수 있고, 세상은 완전히 위협적이지 않다'라는 새로운 패턴을 심어준다. 그렇게 되면 뇌는 '완전히 대비하고 걱정해야 할 대상' 대신 '함께할 수 있는 존재'를 인식하며, 불필요한 방어적 사고 회로를 줄여나간다.

4. '관찰 일기'로 무의식 재프로그래밍하기

하루를 마무리할 때 단 몇 줄이라도 자신이 느꼈던 생각과 감정을 쓰자. 중요한 것은 이를 판단하거나 통제하려 하지 않고, '오늘은 이런 생각이 있었구나' 하는 식의 관찰자적 태도가 필요하다. 관찰 행위는 무의식에 내재된 패턴을 있는 그대로 바라보게 만들고, 점차 그 패턴을 변경할 기회를 열어준다. 즉 '어차피 똑같이 안 좋은 일이 반복될 거야'라고 여겼던 패턴이 '이럴 수 있구나, 오늘은 그래도 괜찮네?'라는 형태로 서서히 바뀌면서, 무의식은 점진적인 변화를 수용하게 된다. 매일 몇 문장이라도 써보면 일주일 후에는 확실히 마음 한편이 정리되고, 그동안 자동으로 실행되던 불안 패턴이 느슨해지고 있음을 느끼게 된다.

5. '며칠간의 실천'으로 새로운 패턴 만들기

앞에서 설명한 것들을 실천해도 하루아침에 기적을 선물하지 않을 수도 있지만, 며칠간이라도 의도적으로 시도하면, 무의식은 새로운 경험을 학습하기 시작한다. 예를 들어 3일 동안 출근 전 의식적으로 호흡을 실행하고, 주말에 자연 속을 한 시간 걷고, 일주일간 하루 한 번 작은 친절을 베풀고, 잠들기 전 가벼운 일기 쓰기를 실천해 보라.

이 과정에서 무의식은 [이전과 다른 경험 반복 → 안전하고 단순한 상태 = 새로운 기본값]이라는 규칙을 내면화한다. 즉, 더 단순하고 여유 있는 패턴으로 재프로그래밍되기 시작하는 것이다.

며칠에서 일주일 정도 실행한 후 문득 뒤돌아보면, 생각보다 훨씬 마음이 가벼워진 자신을 발견할 수 있다. 예전 같았으면 자동으로 켜지던 '걱정 스위치'가 잘 작동하지 않고, 단순한 것들에서 안정을 찾는 빈도가 늘어날 것이다. 이는 무의식이라는 깊은 층위에서 '복잡하고 불안한 상태가 기본이 아닐 수 있다'라고 학습했기 때문이다.

이제 아침 출근길은 단지 이동하는 시간이 아니라, 호흡으로 고요함을 재구축하는 기회가 되고, 퇴근 후에는 자연 속에서 감각적 평온을 입력하는 '무의식 재훈련' 시간이 된다. 동료에게 건네는 작은 호의는 무의식에 긍정적 메시지를 각인시키며, 하루를 마무리하며 기록하는 몇 줄의 글은 무의식적 패턴을 관찰하고 다듬는 무대가 된다.

"더 이상 '생각의 쓰레기장'에서 헤매지 않고, 맑고 단순한 인지 환경을 만들 수 있다."

궁극적으로 이러한 변화는 삶에서 불필요한 짐을 덜어내

고, 한결 가벼운 존재 상태를 만드는데 기여한다. 사실 우리의 무의식은 늘 우리를 보호하고자 노력했지만, 그 방식이 과잉 방어와 불안으로 치우친 것뿐이다. 이제는 그 무의식적 프로그램을 재정비하여, 더 건강하고 단순하며 안정적인 삶을 이끌 수 있다. 이것이 바로 '무의식을 재프로그래밍'하는 과정의 본질이다.

그리고 그 과정은 생각보다 단순한 '의식적 선택'과 '작은 행동'의 반복을 통해 가능해진다. 더 이상 불필요한 불안과 걱정에 끌려다니지 않고, 맑은 마음으로 하루하루를 맞이해 보자. 그 변화는 당신 안에 이미 존재하는 '무의식의 유연함'을 새롭게 활용하는 순간부터 시작되는 것이다.

04

'뇌 그릇'을 확장하는 식단법

세계적인 뇌과학자 데이비드 이글먼(David Eagleman)은 "인간의 뇌에 잠재된 가능성은 놀라울 만큼 폭발적이다"라고 말했다. 뇌는 우리의 사고, 기억, 신체 조절 등 다양한 기능을 담당한다. 그만큼 뇌는 우리 삶에 큰 영향을 미치기에 건강한 뇌를 유지하는 것이 필요하다. 따라서 뇌에 좋은 음식을 섭취하는 것이 필수적이다.

사실 우리는 매일 '뇌를 재료 삼아 요리'한다. 아침 식사, 점심 도시락, 퇴근 후 주전부리까지 우리 입에 들어가는 모든 음식은 뇌라는 부엌에서 신경전달물질, 호르몬, 세포막으로 다시 태어난다. 어떤 재료를 쓰느냐에 따라 뇌의 분위기가 확 달라진다. 가볍고 맑은 맛을 낼 수도 있고, 무겁고 텁텁한 맛에 끌려갈 수도 있다. 음식은 단순히 배를 채우는 연료(燃料)가 아니라, 뇌의 기분과 에너지를 결정하는 재료(材料)이자 하루를 이겨내는 바탕이 된다.

"우리가 매일 먹는 음식은 뇌의 컨디션을 결정하고, 결국 삶의 흐름까지 바꾼다."

그런데도 대부분 직장인의 식습관을 보면 절로 한숨짓게 된다. 아침에 스마트폰 알람을 끄고 억지로 눈을 뜬 뒤, 커피 한 잔으로 속을 달랜 채 하루를 시작한다. 점심은 허기를 채우고자 대충 때우고, 저녁엔 지친 몸을 이끌고 돌아와 냉동 피자나 라면에 손이 가는 날이 많다. 또 우울하거나 스트레스에 눌릴 땐 달고 짠 과자를 마치 약처럼 먹는다. 물론 이런 식습관이 좋지 않다는 걸 알지만, 바로 당장 손쉽게 얻을 수 있는 만족감에 끌려간다.

이런 모습은 '당장 얻을 수 있는 빠르고 쉬운 보상'에 반응하는 뇌의 기본 성향과 맞닿아 있다. 바쁜 일정, 한정된 예산, 주변에 넘치는 편의식품들 때문에 충분한 시간을 들여 건강한 음식을 준비하기 어렵게 만든다. 결국 편하고 자극적인 음식으로 빠르게 에너지를 채우는 길로 발걸음이 옮겨진다.

그러나 이 상황을 전혀 바꿀 수 없는 것은 아니다. 매일 먹는 음식은 뇌 신경세포와 신호 전달 과정을 지원하고, 기분과 집중력을 좌우하는 호르몬과 신경전달물질의 균형에도 영향을 미친다. 등푸른생선, 호두, 아마씨 같은 오메가3 풍부한 식재료, 비타민 B군과 철분이 많은 살코기·녹황색 채소·통곡물, 베리류나 녹차 같은 항산화 식품들은 뇌를 건강하게 관리하는 데 도움이 된다. 통곡물, 콩류, 채소, 과일처럼 혈당을 안정적으로 공급하는 식품은 마음의 흔들림을 덜어줄 밑거름이 된다.

이러한 변화를 한 번에 이루기란 쉽지 않다. "냉동 피자 대신 연어를 먹어보자"라는 말이 당장 실천하기에 비싸고 귀찮을 수 있다. "아몬드나 호두를 책상 위에 놓아두자"라는 제안도 번거롭다.

"완벽한 식단이 아니라, 현실 속에서 조금씩 변화를 시도하는 것이 핵심이다."

처음에는 저녁에 5분 정도 투자해 통곡물빵 위에 아보카

도를 올리거나, 샐러드에 연어 통조림 한 숟갈을 얹는 식으로 시작할 수 있다. 단 음료수 대신 레몬물이나 허브차를 준비하는 것도 작은 실천이다. 꼭 유기농이나 비싼 식재료를 쓸 필요는 없다. 감당할 수 있는 범위 내에서, 좀 더 신선하고 다양하며 영양소가 살아 있는 식품을 선택하려고 노력하면 된다.

3일, 혹은 일주일 정도만 이런 변화를 시도해 보면, 극적인 변화까진 아니더라도 기분이나 에너지 수준에 미묘한 차이가 느껴질 수 있다. 아침에 조금 더 맑은 정신으로 깨어나거나, 오후 몰려오던 피로가 덜해지고, 단 음식을 찾는 빈도가 줄어드는 사소한 개선들이 쌓인다. 물론 이 작은 변화만으로 우울함이나 스트레스가 완전히 사라지진 않는다. 여전히 휴식, 수면, 주변 사람들의 지지, 전문가의 도움이 필요할 수 있다.

하지만 식단 개선은 그러한 노력들 중 한 가지 도구가 되어, 뇌와 몸이 조금 더 안정적이고 균형 잡힌 토대 위에 서도록 돕는다. 이런 시도가 어느 정도 자리를 잡으면 '뭘 먹을까?'를 두고 매일 고민하거나 '왜 또 이런 음식을 선택했지?'라고 자책하는 순간이 줄어든다.

식습관이 정돈되면 뇌는 더욱 유연해지고, '뇌 그릇'이라고 부를 만한 정신적 여유 공간이 넓어진다. 그렇게 조금씩 여유가 생기면, 무거운 고민 하나를 덜어내듯 일상도 한결 가벼워진다.

"작은 식단 변화가 일상의 무거움을 덜어내는 마중물이 된다."

그럴 때 비로소 깨닫게 된다. 음식은 단순히 배를 채우는 연료가 아니라, 뇌를 춤추게 하고 마음을 다독여주는 소중한 재료라는 사실을.

'가능성의 씨앗'을 심어라

어린 시절의 뇌는 무한한 가능성을 품은 씨앗 같다. 그 씨앗이 어떻게 자라날지는 주변 환경이 결정한다. '언어, 소리, 형형색색의 이미지, 간단한 놀이 도구, 다양한 문화적 자극' 등은 아이에게 단순한 배경이 아니라 '인지적 거름'이 된다.

나는 지난 18년간 1천여 명이 넘는 아이들을 지도하면서 깨달은 사실이 있다. 영재들은 단순히 '타고난' 능력을 가진 아이들이 아니라, 아주 어릴 때부터 다채로운 환경에서 놀며 탐색하고, 언어와 시각 자료, 다양한 정보 조각들을 마음껏 받아들였던 경험을 가진 경우가 많았다. 하지만 모든 집이 넓은 서재나 고가의 교재를 갖추기는 어렵다. 부모나 교육자가 늘 옆에서 직접 가르칠 수도 없다.

핵심은 거창한 준비물이 아니다. **아이가 스스로 접하고 흥미를 느낄 수 있는 환경적 요소를 생활 속에 슬며시 배치하는 것이다.** 예를 들어 거실 한 구석에 세계 지도나 동물 그림 한 장을 붙여두는 것만으로도 시작할 수 있다. 침실 벽에 알파벳 카드 몇 장을 붙이고, 아이가 그 앞을 지날 때 자연스럽게 "이건 A, 이건 B"라고 중얼거리듯 말해보는 식이다.

이런 자극이 쌓여 아이는 어느 날 문득 동물 이미지를 구별하고, 알파벳 순서를 맞추며, 간단한 단어를 스스로 흥얼거리게 된다. 태교 단계부터 다양한 언어를 들려주거나, 짤막한 멜로디나 리듬을 삶에 섞어넣는 것도 한 방법이다. 한 아이가 8개월에 사자와 호랑이 이미지를 구별하고, 12개월에 천자문 포스터 중 몇 글자를 짚어내며, 18개월에 알파벳을 순서대로 배열했다고 해서 모두가 그리 될 필요는 없다.

중요한 건 이 아이가 자란 환경이다. 책장에는 그림책과 카드가 있었고, 부모는 가끔씩 짧은 이야기나 단어를 속삭였으며, 아무 규칙 없이 흘러나오는 소리 대신 의미 있고 반복되는 언어·시각 자극을 제공했다.

"아이에게 '이걸 꼭 외워라'라고 명령하지 않고, '여기에 흥미로운 게 있어, 궁금하면 다가와봐'라고 초대하는 것이 효과적이다."

실제 뇌과학 연구에서도 초기 경험과 환경 노출이 아이의 신경회로 형성에 영향을 준다는 사실을 제시한다. 다양한 언어·문화·시각 정보는 언어 처리 영역, 시각 인식 능력, 패턴 인식 능력을 강화한다. 다만 모든 집이 조용하고 방해 없는 공간을 확보할 수는 없다. 부모가 맞벌이라면 더더욱 시간이 없다. 그럴 때는 하루 3분이라도 아이와 짧은 그림 카드 놀이를 하는 식으로 접근할 수 있다.

또는 주말에 한 장의 새로운 그림을 벽에 붙이거나, 잠들기 전 1분 동안 낯선 단어 하나를 입에 올려보는 정도로도 충분히 시작 가능하다. 이런 작은 실천을 반복하면 아이의 뇌는 '이 집에는 새로운 정보가 많고, 재미있는 놀이와 언어가 항상 숨어 있구나'라는 메시지를 받는다.

'놀이' 역시 중요한 열쇠다. 단순히 정보를 나열하는 것보다, 아이가 직접 만지고 조작하고 소리 내볼 수 있는 놀이적 접근이 훨씬 강력하다. 알파벳 카드나 숫자 퍼즐, 동물 그림 뒤집기 게임, 간단한 단어 따라 말하기 놀이, 외국어 동요 흥얼거리기 등은 모두 인지 자극을 부담 없이 즐길 수 있는 방법이다.

어떤 아이는 시각적 패턴에 민감해 동물 실루엣 구별 놀이를 즐길 수 있고, 다른 아이는 음성적 리듬을 좋아해 외국어 노래나 박자 맞추기 게임에 끌릴 수도 있다. 또 다른 아이는 논리 퍼즐에 몰입해 문제 해결 감각을 키운다.

"놀이란 주입식 교육이 아닌, 아이의 뇌가 스스로 확장하도록 유도하는 지적 놀이터다."

여기서 중요한 건 '유연한 태도'다. 모든 아이가 영재가 될 필요도, 특정 시점에 무엇을 꼭 할 수 있어야 하는 것도 아니다. 어떤 아이는 언어 자극에 반응이 빠르고, 다른 아이는 시각 자료로부터 인지적 쾌감을 얻는다. 성인 독자로서 이 글을 읽는 사람이라면, 자신의 상황과 아이 성향에 맞춰 자유롭게 응용할 수 있다. 집이 좁다면 냉장고 문이나 복도 벽 같은 작은 공간이라도 활용할 수 있다.

시간적 여유가 적다면 주중에는 짧은 놀이 하나, 주말에 두세 가지 새로운 자극을 시도하는 식으로 나눌 수 있다. 한

달 뒤, 아이가 어떤 변화나 반응을 보이는지 관찰해보면 점진적으로 조정할 수 있다. 물론 이런 시도가 즉각적인 천재성을 불러오진 않는다. 하지만 장기적으로 큰 자양분이 된다. 초기 뇌발달 경험이 쌓이면, 나중에 더 복잡한 개념이나 언어를 접할 때 아이의 뇌가 빠르고 유연하게 반응한다.

이는 단지 공부 잘하는 아이를 만드는 것이 아니라, 새로운 문제에 열린 마음으로 대응하고, 호기심을 잃지 않는 태도로 이어진다. 아이가 성장했을 때, 세상의 낯선 정보 앞에서도 '두렵다'가 아니라 '궁금하다'라고 느끼게 하는 것, 그게 바로 환경과 놀이의 힘이다.

마지막으로, 이 모든 전략은 부모나 교육자가 완벽해야 한다는 부담감 없이 접근할 수 있다. 특별한 교재나 비싼 장난감 없이도, 일상 공간에 놓인 사소한 자료 하나, 한두 번의 짧은 놀이 시도만으로 충분하다. 조금씩 시도하면서, 어떤 요소에 아이가 반응하는지 관찰하고, 반응하는 부분을 확장하면 된다. 즉 조금씩 시도하면서 어떤 요소에 아이가 반응하는지 관찰하고, 반응하는 부분을 확장하면 된다.

이런 과정에서 자잘한 실패나 무반응도 자연스럽다. 어떤 그림이나 단어에 전혀 관심을 보이지 않더라도 상관없다.

다른 카드나 다른 놀이로 넘어가면 그만이다.

"중요한 건 정형화된 교육이 아니라, 가능성의 씨앗을 심고 물을 주는 느긋한 태도다."

시간이 흐르며 아이의 반응이 미묘하게 변하거나, 어느 날 문득 기억한 단어를 내뱉을 수도 있다. 간단한 지도 그림 한 장에서 시작한 흥미가 나중에 세계의 언어와 문화로 뻗어 갈 수도 있고, 단 하나의 퍼즐 놀이가 수학적 사고력의 단초를 마련할 수도 있다. 이처럼 환경과 놀이라는 거름 속에서 뇌는 서서히 자신의 형태를 잡아간다.

부담 없이 시작할 수 있는 작은 노력들이, 장기적으로 아이의 두뇌 성장을 결정짓는 터닝 포인트가 될 수 있다. 아이의 시선 높이에 맞춘 포스터 한 장, 하루 3분의 단어놀이, 주말마다 한 번씩 새로운 소리나 영상을 접하게 하는 시도 등, 이 모든 것이 쌓여 아이가 더 넓은 세상을 두려움 대신 호기심으로 맞이하게 만든다.

이러한 태도야말로 미래의 문제 해결력, 창의성, 그리고 유연한 사고 능력의 밑거름이다. 성인으로서 할 수 있는 일은 거창하지 않아도 된다. 작은 환경 변화와 놀이 한 조각씩

을 더해가며, 아이의 뇌가 자유롭고 풍성하게 자랄 수 있는
토양을 마련하면 된다.

Chapter 6

사주로 풀어가는
성격과 마음 챙기기

화담(華談)

명리 상담사로서 현대 심리학적 관점을 명리학에 통합해 단순하고 의미 있는 해석을 제공하고, 사주를 통찰력 있는 안내서로 바라볼 수 있도록 돕는다. 특히 젊은 세대를 위한 새로운 운세 해석의 패러다임을 만들고 있으며, 복잡한 한자 중심의 전통적 해석에서 벗어나 사주를 직관적이고 간결하게, 젊은 세대가 쉽게 접근할 수 있도록 제시한다. 누구나 '자신의 본성을 이해하고, 사주를 통해 성장할 수 있는 가능성을 제시하는 것'을 목표로, 전통 지식과 현대적 감각을 연결하는 다리 역할을 하고 있다.

스레드 @sajuplanet
카카오톡 sajuplanet

01
사주로 생각과 마음을 챙긴다

사주(四柱)를 통해 성격을 이해하고, 그에 따른 생각이나 마음을 챙길 수 있다고? 그렇다. 그러나 반은 맞고 반은 틀린 말이다. 만약 누군가가 "복잡할 때는 생각을 어떻게 정리하고, 마음은 어떻게 다스리나요?"라고 물었을 때 "나는 이런 방식으로 나를 찾아갑니다"라고 자신 있게 대답할 수 있는 사람이라면 이 말은 틀릴 수 있다. 그러나 사주는 나를 이해하고, 나만의 마음챙김 방법을 찾는 데 큰 도움이 될 수 있다.

"당신도 복잡한 마음을 정리하고 나만의 방법으로 마음을 챙겨보고 싶지 않은가?"

사주는 태어난 날짜와 시간을 바탕으로 8글자를 조합해 성격과 운명을 분석하는 학문이다. 단순히 MBTI처럼 몇 가지 유형으로 구분되는 것이 아니라, 나만의 고유한 일간을 통해 전체적인 성격과 에너지를 파악하고, 그에 따라 나에게 맞는 마음챙김 방법을 발견할 수 있게 해준다. 사주를 한 번이라도 본 사람들은 본인의 성격에 대한 이야기를 들어본 적이 있을 것이다.

그러나 사주를 전혀 모르는 사람들에게는 성격을 나눌 수 있다는 것 자체가 다소 낯설게 느껴질 수도 있다. 사주에서는 일간(나)을 통해 성격을 분석할 수 있는데, 이 일간이란 나 자신, 즉 '나'를 대표하는 기둥으로서, 이는 우리가 가진 고유한 성격적 기질과 깊은 연관이 있다.

혹시 자신의 사주 팔자를 모른다면 아래 큐알 코드를 통해서 일간(나)을 확인할 수 있다.

보다 쉽게 이해할 수 있도록 유명인들을 통해 각자 가지고 있는 고유의 성격을 한번 살펴보도록 하자.

갑목(甲木) : 일론 머스크(Elon Musk)

일론 머스크는 리더로 타고난 기질이 있으며, 혁신적이고 도전적인 정신을 지닌 인물이다. 그의 행보는 항상 비범하고, 새로운 기술과 아이디어에 두려움이 없다. 형체 없는 것을 현실로 만들어내는 능력이 뛰어나며, 어려운 문제를 해결하는 데 뛰어난 재능을 가지고 있다.

을목(乙木) : 손흥민

손흥민은 유연하고 적응력이 뛰어난 인물이다. 긍정적인 마인드를 유지하며, 다양한 상황에서 기회를 포착하는 능력을 갖추고 있다. 그는 팀원의 사기를 북돋우는 데도 뛰어나며, 축구 밖에서도 사람들에게 사랑받는 모습이며 목표와 신념으로 어려운 순간을 뛰어넘는 사람이다.

병화(丙火) : 강동원

강동원은 뛰어난 카리스마와 매력을 가진 배우다. 에너지가 넘치고 감정 표현이 풍부한 인물이다. 사람들에게 감동을 주는 연기를 통해 변화하는 자신을 잘 표현한다.

정화(丁火) : 임영웅

임영웅은 따뜻하고 친근한 성격을 지닌 인물이다. 대중과 쉽게 소통하며 감정을 전달하는 능력이 뛰어나다. 무대 위에서 카리스마를 발휘하면서도 진정한 모습을 잃지 않는다.

무토(戊土) : 박보검

박보검은 차분하고 신중한 성격을 지닌 인물이다. 대인관계에서의 배려가 깊은 사람이다. 여러 역할에서 뛰어난 소화력을 발휘하며, 다양한 연기에 도전하는 것을 즐긴다.

기토(己土) : 배수지

배수지는 차분하면서도 강한 정신력을 가진 연예인이다. 위기 상황에서도 침착함을 유지하는 사람이다. 다양한 활동을 통해 독창성을 발휘하고 있다. 대중의 기대 속에서 자신의 정체성을 유지하려는 노력은 그녀를 더욱 특별하게 만든다.

경금(庚金) : 조승우

조승우는 신중하고 결단력 있는 성격을 지닌 인물이다. 연기에 철저하게 준비하는 사람이다. 뛰어난 연기력으로 다양한 유니크한 역할을 소화하며, 자신의 기준을 높게 유지하려 애쓰는 모습이 인상적이다.

신금(辛金) : 김태희

김태희는 품위가 있고 강인한 주관을 지닌 인물이다. 신중하고 깊이 있는 사고를 하는 사람이다. 진정성이 우러나와 많은 이들에게 귀감이 되고 있으며, 항상 최선을 다하려는 노력이 사람들에게 긍정적인 영향을 미친다.

임수(壬水) : 블랙핑크 제니

제니는 매력적이고 강렬한 개성을 지닌 아티스트이다. 자신감 넘치는 태도가 특징인 사람이다. 창의력과 독립성을 중시하며, 그룹 내에서 각자의 개성을 살리는 역할을 잘 수행한다. 주변의 신뢰를 얻기 위해 꾸준히 노력하는 모습은 그녀의 큰 장점이다.

계수(癸水) : 김연아

김연아는 섬세하면서도 강인한 스포츠 스타이다. 목표 달성을 위해 끊임없이 노력하는 성격을 지닌다. 은퇴 후에도 긍정적인 영향을 미치기 위해 다양한 활동을 하며, 과거 성취에 얽매이지 않고 새로운 도전을 모색하는 자세가 돋보인다.

***

이렇게 유명인들의 예시를 통해 각 일간이 지닌 대표적인 성격을 살펴봤다. 여기서 더 나아가, 나만의 고유한 기질과 에너지를 더 깊이 이해하고 싶지 않은가? 이 여정을 통해 내 안의 힘을 발견하고, 일상 속에서 내 에너지를 지혜롭게 활용할 수 있는 기회를 찾아보자. 사주로 본 당신의 삶이 긍정적인 변화의 기회가 될 수 있도록.

02
목(木)의 전체적인 성격과 특징

목(木)을 한마디로 표현하면 바로 '시작'이다. 목은 '봄의 기운'을 품고 있으며, 새싹이 땅을 뚫고 나오는 생명력을 지니고 있다. 이 새로운 에너지는 강렬하게 솟아오르며 단순히 성장에만 그치지 않고, 한 방향으로 직진하는 추진력과 의지를 함께 담고 있다. 혹시 당신도 삶에서 새로운 도전 앞에 서 있을 때 뚜렷한 목표를 세우고 열정적으로 나아가려는 자신을 발견한 적이 있는가? 그렇다면, 이 힘찬 에너지가 당신에게도 영향을 미치고 있을지 모른다.

목의 에너지는 단순한 직진성만을 의미하지 않는다. 이들은 장애물을 마주했을 때에도 그 속에서 길을 찾고, 유연하게 대처할 수 있는 능력을 갖추고 있다. 즉, 뚜렷한 목표를 향해 흔들림 없이 나아가면서도 상황에 따라 방향을 조정하는 지혜가 담겨 있다고 볼 수 있다. 원래 계획했던 길이 막혔을 때에는 새로운 길을 찾아 나서며, 그 과정에서 자신만의 방식으로 성장할 수 있는 능력이 목에게는 있다.

예상치 못한 상황에서 원래의 계획을 수정하며 다른 가능성을 모색한 경험이 있다면 목의 기운이 당신에게 스며들어 있을지도 모른다.

또한, 목은 타고난 소통의 에너지를 가지고 있어 사람들과 조화를 이루는 데 능하다. 사람 중심적 성향이 강한 목은 관계에서 서로의 의견을 존중하고 조율하는 데 능숙하다. 이러한 특성 덕분에 목의 성격을 지닌 사람들은 자연스럽게 대화의 장을 이끌어 나가며, 기획이나 협업에서도 두각을 나타낸다. 새로운 사람들과의 만남이 많고, 그 안에서 긍정적인 관계를 구축하려는 노력을 기울이는 모습이 자주 나타난다.

주위 사람들과 소통하며 다양한 의견을 수용하고, 그 속에서 균형을 찾는 데에 능숙한 편이라면 목의 기운이 잘 나타나고 있는 것이라 할 수 있다.

목인 사람들은 특히 창의적인 사고와 진취적인 성향을 가지고 있다. 이들은 새로운 아이디어를 떠올려 현실로 실현하기 위해 끊임없이 노력하는 모습을 보인다. 다양한 환경에서 빠르게 적응하며, 변화 속에서도 자신을 성장시키려는 강한 의지를 지닌다. 목의 특성을 지닌 사람이라면 단순히 일상의 변화를 수용하는 것을 넘어서, 그 속에서 자신만의 독창적인 해답을 찾으려는 경향이 강하다.

새로운 상황 속에서 남다른 아이디어를 떠올리거나 문제를 해결할 독창적인 방안을 생각해 본 적이 있다면 당신에게도 목의 기운이 흐르고 있을 가능성이 크다. 결과적으로, 목은 인간관계에서 조화를 소중히 여기며, 창의적인 표현에 강하고, 유연한 대처를 통해 삶을 더욱 풍요롭게 만드는 중요한 요소로 자리 잡고 있다. 이런 성격 덕분에 목의 사람들은 삶 속에서 긍정적인 에너지를 퍼뜨리고, 주변 사람들에게도 긍정적인 영향을 미친다.

이들은 자신이 옳다고 믿는 자신의 신념을 지키며 상대방의 의견 또한 존중하며 조화로운 관계를 만들어 나간다. 타인의 의견을 존중하고 균형을 찾으려는 이 마음가짐은 목의 성격을 더욱더 돋보이게 하며, 이들이 인간관계에서 자연스러운 리더십을 발휘할 수 있도록 돕는다.

새로운 시작을 준비하거나, 주변 사람들과 더 조화롭게 소통하며 변화를 맞이하고자 한다면 목의 기운이 당신의 삶에서 어떻게 영향을 미칠 수 있는지 더 알아보는 것도 흥미로울 것이다. 목의 성격을 이해하고 이를 통해 당신이 보다 의미 있는 관계와 도전에 나아갈 수 있는 기회를 찾는다면, 그것은 당신에게도 긍정적인 변화를 불러올 수 있을 것이다.

***

목에서 나뉘는 갑목(甲木)과 을목(乙木)이 가진 특성과 그에 맞는 마음챙김 방법을 알아보며, 나만의 에너지를 더욱 깊이 이해해 보도록 하자.

1) 고집스러운 출발선의 영웅, 갑목(甲木)의 생각과 마음챙기기

사주를 알기 전까지 나는 나 자신을 잘 이해하지 못했다. 돌아보면, 나는 여러 번 리더나 대표의 자리에 서 있었고, 그 역할은 자연스럽게 나에게 맞춰진 옷처럼 다가왔다. 이러한 경험을 통해 내 타고난 성향이 리더십에 있다는 것을 확신하게 되었다. 특히 내가 갑목의 일간을 가졌다는 사실은 큰 의미가 있다. **갑목은 새로운 시작과 출발을 상징하며, 스스로 앞장서고자 하는 독립적 리더십을 가진 사람이다.**

나는 어떤 일을 시작하든지 출발이 매우 좋다. 강한 추진력으로 일을 시작하고 사람들을 이끌어 나가는 능력도 있다. 하지만 처음의 에너지가 넘치는 만큼, 종종 중간에 기운이 빠져 결과를 잘 내지 못하는 경우도 많다. 마치 힘차게 출발한 기차가 중간에 멈춰버린 것처럼 답답함을 느낄 때가 있다.

갑목과 같은 목의 성향을 가진 사람들은 장기적인 관점에서 전략을 세우는 것이 필수적이라는 점을 종종 깨닫게 된다. 목표를 향해 나아가는 길에서 방향을 잃지 않도록 스스로를 다잡는 것이 중요하다는 사실을, 실패나 좌절을 경험하며 배워간다.

생각을 정리할 때 나는 목표 지향적인 리스트 작성법을 자주 사용한다. 작은 목표를 설정해 그것을 하나씩 달성할 때마다 앞으로 나아가는 확실한 발판이 된다. "이번 주에 기초 자료를 마무리하자" 같은 구체적인 목표를 세우면 시작의 에너지가 꺼지지 않고, 목표를 향해 꾸준히 나아가는 데 큰 도움이 된다.

갑목은 한 번 정한 방향을 끝까지 고수하는 경향이 강하지만, 가끔은 주위의 의견을 듣고 새로운 시각을 받아들여야 할 때도 있다. 스스로의 고집이 나를 둘러싼 벽이 되지 않도록, 열린 마음을 가지려 노력한다. 작은 목표를 하나씩 달성할 때마다 자신감이 쌓이고, 불안감도 자연스럽게 줄어드는 것을 경험한다. 하지만 때로는 타인의 의견에 지나치게 신경 쓰는 경향이 있어, '이게 맞는 걸까?'라는 의문이 들면 스스로를 의심하기도 한다.

이럴 때는 내가 진정으로 원하는 것이 무엇인지 다시 생각해보려 한다. 갑목의 사람으로서 방향을 바꾸는 것이 쉽지 않지만, 필요할 때는 정한 방향을 바꿀 수 있는 유연함이 필요하다는 것을 느낀다. 다양한 가능성을 열어두는 것이 더 나은 결과를 가져올 수 있다고 믿는다.

갑목의 추진력은 당신을 목표로 빠르게 이끌어주는 든든한 동력이 되어준다. 그만큼 자신에게 잠시 멈춰 설 시간을 주고, 스스로의 속도와 방향을 존중하며 나아가는 것도 갑목에게 중요한 성찰의 과정이 될 것이다. 자주 주위를 돌아보며 스스로를 응원하는 시간 역시 당신의 성장에 큰 힘이 되리라 믿는다. 갑목이 가진 이 힘이 새로운 도전을 향해 끊임없이 뻗어나가길 바란다.

2) 자연스러운 변화의 춤꾼, 을목(乙木)의 생각과 마음 챙기기

나와 비슷한 성격이지만 좀 더 유연함이 돋보이는 을목의 친구가 있다. 내가 깊이 뿌리내린 큰 나무라면, 이 친구는 매 순간 주위 환경을 따라 유연하게 적응하는 덩굴 같은 존재다. 예를 들어, 함께 요리할 때면 나는 재료와 레시피에 충실하지만, 친구는 냉장고에 있는 재료를 보며 자유롭게 요리의 흐름을 만들어간다. 내가 순서에 맞춰 단계를 진행하는 동안, 친구는 상황에 맞춰 유연하게 대처하며 자신만의 스타일로 요리를 완성해 나간다.

을목은 상황에 맞춰 유연하게 반응하는 특성을 지닌다. 마인드맵을 통해 생각을 정리하고, 다양한 아이디어를 적어두었다가 필요할 때 다시 살펴보는 방식을 좋아한다. 하지만 가끔 이러한 자유로움이 오히려 을목을 복잡하게 만들기도 한다. 예를 들어 "이것도 하고 저것도 해야 해"라는 생각에 빠지다 보면 본질을 놓칠 수 있다. 이럴 때는 한 발 물러서서 큰 그림을 바라보며 우선순위를 세워 한 가지씩 집중하는 것이 도움이 된다.

을목은 변화에 빠르게 적응하지만, 예상치 못한 상황에서는 불안을 느끼기도 한다. 친구가 불안해할 때면, 나는 주변을 천천히 관찰하고 차분하게 감정을 정리해보라고 조언한다. 잠시 자연 속에서 산책하거나, 좋아하는 노래를 들으며 안정감을 찾는 것도 효과적인 방법이다. 자연의 부드러운 흐름 속에서 얻는 평온함은 을목이 가진 유연함을 한층 강화시킨다. 완벽히 해결하려는 욕심 대신 순간을 받아들이고 적응하려는 마음가짐이 불안을 줄여준다.

을목은 또한 사람들과의 관계에서 큰 에너지를 얻는다. 소규모 그룹 활동이나 친구들과의 대화를 통해 스스로를 돌아보는 경험은 자존감을 높이는 데 도움이 된다. 작은 교류와 연결이 을목의 내면을 더욱 단단하게 만들고, 다양한 상황에서 회복력을 키워주는 원동력이 된다.

을목은 자신을 이해하고 타인과 조화를 이루는 데 뛰어난 자질을 가졌다. 특히, 작게나마 성공을 경험할 때 이를 기록해두면 좋다. 어려운 상황에서 유연하게 대처했던 순간을 다시 돌아보면, 스스로의 성장을 확인할 수 있어 자존감이 크게 향상된다.

때로는 을목이 다른 사람들에게 작은 도움을 주는 기회를 찾는 것도 좋다. 관계 속에서 중심 역할을 하며 존중받을 때, 자존감이 자연스럽게 높아진다. 이러한 작은 유대감이 을목에게 자신의 가치를 더욱 인식하게 하는 힘이 된다.

을목은 때로 타인의 기대에 부응하기 위해 애쓰는 경향이 있다. '내가 잘하고 있는 걸까?'라는 불안감이 생길 때는 진정으로 내가 원하는 것이 무엇인지 질문해보는 시간이 필요하다. 스스로 원하는 방향을 찾고, 다양한 가능성에 열린 자세를 가지면 예상치 못한 결과와 더 나은 기회를 발견할 수 있다.

생각을 정리할 때, 구체적인 이미지나 그림을 곁들이는 것도 을목에게 잘 맞는 방법이다. 감정을 글이나 그림으로 표현하며 마음을 정돈할 수 있고, 이는 새로운 상황에서 유연하게 적응할 수 있는 힘을 길러준다.

을목의 부드러움에서 비롯되는 유연함은 세상의 흐름 속에서도 자신만의 길을 찾아가게 해준다. 때로는 그 길이 불분명해 보일 수 있지만, 자신을 믿고 조화롭게 나아갈 때 삶의 여러 가능성과 기회가 자연스럽게 열릴 것이다. 그 부드러운 힘이 당신을 지탱해주고, 여러 상황을 유연하게 헤쳐나가는 과정에서 더 큰 자신감을 얻게 되기를 바란다.

화(火)의 전체적인 성격과 특징

화(火)를 한마디로 표현하면 바로 '열정'이다. 화는 에너지를 발산하고 확장하는 특징을 가지고 있으며, 여름철 무성하게 자라나는 생명력과 연결된다. 봄에 움튼 새싹들이 여름을 맞아 뜨거운 햇살 아래에서 더욱 무성해지고, 풍성하게 잎을 펼치는 시기다. 이러한 화의 기운은 강렬한 열정과 생명력을 나타내며, 힘이 여러 방향으로 뻗어나가는 듯한 느낌을 준다. 혹시 당신도 한 가지 일에 열중하며 자신도 모르게 에너지가 퍼져나가는 경험을 한 적이 있는가? 그렇다면, 화의 기운이 당신에게도 흐르고 있을지 모른다.

화는 감정을 숨기지 않고 솔직하게 드러내는 성향이 강하다. 이들은 생각과 감정을 표현하는 데 거리낌이 없으며, 직관적이고 즉흥적인 결정을 좋아한다. 자신이 내린 결정을 빠르게 실행에 옮기며, 도전을 두려워하지 않고 변화에 열려 있는 성격이다. 이러한 성급함은 때때로 섣부른 판단으로 이어질 수도 있지만, 이를 통해 많은 사람에게 영감을 주고 긍정적인 에너지를 전파한다. 다른 사람들에게 자신감과 활기를 북돋아 주며, 새로운 변화를 시작하는 데 필요한 용기를 불어넣기도 한다.

화의 기운은 사람들에게 따뜻함과 빛을 전하는 불의 이미지와 닮아 있다. 이들은 사람들과 소통하며 따뜻한 관계를 형성하고, 자신의 에너지를 아낌없이 나누려는 경향이 있다. 이러한 특성 덕분에 화의 성향을 지닌 사람들은 리더십을 발휘할 기회가 많고, 팀워크와 협력의 중요성을 잘 이해한다. 주위 사람들과 긍정적인 에너지를 공유하는 이들의 성향은 그들을 그룹의 중심으로 이끌며, 자연스럽게 리더 역할을 맡게 만든다. 혹시 당신도 사람들 사이에서 자연스럽게 리더 역할을 맡거나, 주위 사람들과 함께할 때 더욱 큰 힘을 발휘하는 자신을 발견한 적이 있는가?

하지만 화의 성급함은 가끔 무리한 결정으로 이어질 수 있다. 모든 상황이 항상 빠르게 해결될 수 있는 것은 아니므로 잠시 멈춰서 현재의 상황을 차분하게 바라보는 훈련이 필요하다. 한 템포 쉬면서 감정에 휘둘리지 않고 전체적인 흐름을 보려는 노력은 화의 성향을 가진 사람들에게 큰 도움이 될 것이다. 일상 속에서도 중요한 결정을 앞두고 한 걸음 물러서서 전체적인 흐름을 점검하는 것은 결과를 더욱 긍정적으로 이끄는 지혜가 될 수 있다.

결국, 화는 그 자체로 사람들에게 힘을 주며 열정을 불러일으키는 중요한 에너지다. 변화와 성장을 상징하며 주변 사람들에게 긍정적인 영향을 미치고, 따뜻한 관계를 형성하는 데 기여한다. 화의 성향을 지닌 사람들은 무한한 가능성을 가지고 있으며, 이를 통해 삶의 다양한 면에서 풍요로움을 느낄 수 있다. 화의 열정적인 에너지가 당신에게도 흐르고 있다면, 그 힘을 바탕으로 더 큰 성취와 변화를 이루어 나가길 바란다.

***

화를 천간으로 나눈 병화(丙火)와 정화(丁火)의 생각과 마음 챙기기를 살펴보자.

1) 실행력 하나로 판을 뒤집는 도전가, 병화(丙火)의 생각과 마음 챙기기

병화는 언제나 태양처럼 활기차고 에너지로 넘친다. 얼마 전, 병화 친구가 갑작스럽게 당일치기 여행을 제안하며 "지금 당장 떠나자!"라고 말했을 때, 그 모습이 참 병화답다고 느꼈다. 준비와 계획 없이 새로운 일에 뛰어드는 그의 모습은 마치 활활 타오르는 불꽃처럼 강렬하고 즉흥적이다. 이런 활력 넘치는 성향이 병화를 더욱 돋보이게 하지만, 때로는 성급함이 그의 발목을 잡기도 한다.

병화는 빠르게 순서를 정리하고 할 일 목록을 작성해 일을 처리하는 것을 선호한다. 마치 강렬한 불꽃이 한번 타오르면 순식간에 퍼져나가는 것처럼 그는 시급하고 중요한 일을 먼저 해결하며 속도감 있게 나아간다. 하지만 가끔 준비가 미흡한 상태에서 일을 시작해 기대만큼의 결과를 얻지 못하는 경우도 있다. 이런 상황에서는 한 걸음 물러나 상황을 점검하고, 조금 더 여유롭게 계획을 세우는 자세가 필요하다.

병화는 문제를 즉각 해결하고자 하는 성향이 강해 불안한 상황에서 오히려 성급함이 불안을 키우기도 한다. 이럴 때는 에너지를 긍정적인 방향으로 전환하는 활동이 도움이 된다. 예를 들어, 15분 정도 빠르게 걷거나 간단한 그림을 그려보면 불안이 완화되고 마음이 차분해진다. 이렇게 신체 활동을 통해 에너지를 발산하면 병화의 불안감을 다스리는 데 큰 도움이 된다.

또한, 병화는 모든 문제를 완벽하게 해결하려는 집착에서 벗어나 결과를 있는 그대로 받아들이는 연습도 필요하다. "이것은 이렇게 해결해야 해!"라는 생각을 잠시 내려놓고, 있는 그대로 받아들이면 불안감이 줄어든다. 이 과정에서 잠시 멈추고 깊게 호흡하는 간단한 명상법이 큰 도움이 된다. 숨을 깊게 들이마시고 천천히 내쉬며 감정을 정리하면, 병화의 강한 성향을 더 잘 다스릴 수 있다.

병화는 빠른 성과와 긍정적인 피드백에서 자존감을 크게 얻는다. 따라서 좋아하는 분야에서 짧은 목표를 세우고 성취감을 느끼는 것이 중요하다. 운동이나 취미를 통해 작은 목표를 달성하는 경험을 쌓아가면, 병화는 자신감을 더욱 키울 수 있다. 성과를 친구나 가족과 공유할 때 만족감이 더 커지기 때문에, 성취한 결과를 주변 사람들과 나누는 것도 좋은 방법이다.

가끔 병화는 타인의 기대에 부응하려 애쓰다가 스스로의

감정을 놓치는 경우도 있다. "내가 잘하고 있는 걸까?"라는 의문이 들 때는, 자신이 진정으로 원하는 것이 무엇인지 다시 생각해보는 시간이 필요하다. 스스로에게 "이 방향이 내가 원하는 길인가?"라고 물으며, 자신의 목표에 충실한 결정을 내려야 한다.

병화는 중요한 결정을 내릴 때 성급해지기 쉬운 경향이 있다. 이럴 때는 잠시 멈추고 "이걸 이렇게 해도 괜찮을까?"라는 질문을 던지며 더 여유롭게 접근하는 연습을 하면 도움이 된다. 한 템포 쉬어가는 습관을 들이면, 더 나은 결정을 내릴 수 있다.

마지막으로, 병화는 즉흥적으로 떠오르는 아이디어를 바로 적어두고 나중에 정리하는 습관을 들이는 것이 좋다. 생각이 떠오르면 즉시 기록하고, 일정 시간을 두고 다시 살펴보면 정리가 되면서 불안도 줄어든다. 이런 습관은 병화의 창의성을 발휘하는 좋은 방법이다.

병화의 밝은 에너지와 강렬한 추진력은 주변에 활기를 불어넣는 특별한 자질이다. 그 뜨거운 열정을 따라가는 길이 때로는 지칠 수 있겠지만, 잠시 한 템포 쉬어가며 자신의 내면을 돌아보는 시간을 가지면 더욱더 견고한 기운을 충전할 수 있을 것이다. 그렇게 새롭게 채운 에너지가 당신을 더욱 넓고 깊은 세상으로 이끌어주리라 믿는다.

2) 단단한 신념을 가진 집념의 화신, 정화(丁火)의 생각과 마음 챙기기

주변에는 신기하게도 정화의 일간을 지닌 사람이 많다. 나와 다른 듯하면서도 묘하게 잘 맞는다. 오행 상생 관계에서 나는 화를 돕는 역할이라, 마치 땔감처럼 정화의 불을 키우는 에너지를 가지고 있어 그런지, 화의 사람들은 나에게 자연스럽게 끌리는 것 같다.

정화는 모든 일에 깊은 집념과 세심한 태도로 접근한다. 가까운 정화 친구는 작은 일 하나에도 신중하고, 철저하게 정보를 수집한 후에야 시작한다. 그래서 나는 때때로 그를 보고 "양반 같네"라고 농담을 하기도 한다. 고지식할 정도로 철저한 모습이 오히려 그의 매력이며, 그 집념과 깊이 있는 사고는 주변 사람들에게 종종 긍정적인 자극을 주기도 한다. 다만, 이런 성향이 가끔은 본인을 지치게 하기도 한다.

정화는 일에 몰두하며 세밀하게 사고하는 것을 좋아한다. 메모나 일기 형태로 생각을 기록하는 것도 좋아하는데, 특히 하루에 한 가지 주제를 정해 세부적으로 기록하는 방식이 잘 맞는다. 그러나 때로는 이러한 세부적인 기록이 오히려 부담으로 작용해 '이걸 완벽히 해야 해!'라는 강박을 만들어, 중요한 부분을 놓치게 하기도 한다.

정화는 생각의 흐름을 세심하게 기록하는 데 능숙하지만, 완벽주의가 때때로 불안을 키운다. '이게 정말 맞을까?'라는 의문이 들 때 불안감이 커지는데, 이럴 때는 감정 일기를 쓰는 것이 도움이 된다. 불안을 구체적으로 표현하고, 그 감정을 분석하는 습관이 정화에게 내면의 균형을 되찾게 해준다. 감정을 솔직하게 기록하면서 마음의 짐을 덜어내는 과정이 필요하다.

정화는 불안의 원인을 분석하고 해결책을 찾는 데 집중하는 것이 가장 좋다. 따뜻한 차 한 잔을 마시며 스스로를 다독이는 시간이 큰 위로가 되며, 주변의 긍정적인 에너지를 받아들이는 것도 중요하다. 신뢰할 수 있는 사람과의 대화는 정화의 불안을 해소하는 데 도움이 된다.

자존감을 높이기 위해서는 정화가 가진 가치와 신념을 확고히 다지는 것이 중요하다. 자신의 신념과 일치하는 목표를 세우고, 그것을 차근차근 이루어가는 성취감이 정화에게 큰 힘이 된다. 가끔 정화는 자신의 신념에 너무 집착해 피드백을 수용하지 못할 때가 있는데, 이럴 때는 "내가 진정으로 원하는 것이 무엇인가?"라는 질문을 스스로에게 던져보면 큰 통찰을 얻을 수 있다.

생각을 정리할 때는 논리적인 흐름을 유지하면서 이유와 근거를 함께 작성하면 정화의 주장이 더욱 탄탄해진다. 자주 사용하는 표현이나 핵심 키워드를 정리해두면 사고를 체계적으로 돌아볼 수 있는 기회가 된다.

정화의 깊은 집념과 한결같은 고지식함은 쉽게 흔들리지 않는 원동력이다. 때로는 이러한 성향이 스스로나 주변에 부담이 될 때도 있겠지만, 그럴 때 부드러움과 조화를 통해 균형을 찾는 것이 당신을 한층 더 성장하게 만들어줄 것이다. 자신을 돌아보며 주위와의 조화를 이루어가는 과정이 쌓여, 정화가 가진 고유의 힘이 더욱 좋은 기회를 만들어 주기를 바란다.

04
토(土)의 전체적인 성격과 특징

    토(土)를 한마디로 표현하면 '중재'다. 토는 다양한 요소가 조화를 이루고 각자의 역할을 다하도록 돕는 중심적인 역할을 한다. 예를 들어, 불처럼 뜨거운 에너지가 과하게 퍼지지 않도록 안정감을 주기도 하고, 금이 단단하게 결실을 맺을 수 있도록 기반을 다지는 역할을 한다. 혹시 당신도 주변에서 중재자의 역할을 하거나 다양한 사람들의 의견을 조율하며 안정적인 분위기를 만드는 것을 좋아하는 편인가? 그렇다면, 토의 기운이 당신에게도 스며들어 있을지 모른다.

    토는 흔히 '땅'에 비유된다. 땅은 나무, 불, 금속, 물과 같은 여러 요소가 공존할 수 있는 공간을 제공하며, 이들이 조화롭게 연결되도록 돕는다. 마치 넓은 들판이 식물과 생명이 뿌리내릴 수 있는 기반을 제공하듯이, 토의 성향을 지닌 사람들은 다른 이들이 안정적으로 자신을 펼칠 수 있도록 든든한 뒷받침이 되어 준다. 혹시 당신도 주변 사람들에게 든든한 지원군이 되어주는 것을 좋아하는가? 그렇다면 토의 기운이 당신 속에 자리 잡고 있을 가능성이 크다.

토의 성향을 지닌 사람들은 특히 사람을 대하는 데 능숙하다. 이들은 사람들과의 만남을 좋아하고, 중재자의 역할을 즐긴다. 상황에 맞게 필요한 정보를 조율하며 원활한 소통을 이끌어내는 것이 특기다. 이 때문에 영업이나 중계, 알선 분야에서 두각을 나타내는 경우가 많다. 사람들 사이에 신뢰를 형성하고, 그 신뢰를 기반으로 다양한 기회를 만들어 나가는 모습은 토의 대표적인 특징이다.

안정적이고 신뢰할 수 있는 기반을 제공하는 것도 토의 큰 장점이다. 주변 사람들에게 든든한 지원군이 되어주는 이들은, 어려운 상황에서도 조정자 역할을 잘 수행해 주변 사람들에게 신뢰를 준다. 어떤 갈등 상황에서도 균형 잡힌 시각을 가지고 중립적으로 상황을 조율하는 능력은, 많은 사람들과의 관계를 더욱 깊게 만들고 단단한 유대감을 형성하는 데 기여한다.

다만, 토는 때로 자신의 의견을 지나치게 억제하거나 타인의 의견에 밀리는 경우도 있다. 조화와 균형을 중요시하다 보니, 때로는 자신의 목소리를 내는 것에 소극적일 수 있다. 이럴 때는 자신의 생각을 분명히 표현하고, 자신이 가진 의견과 가치를 인식하는 것이 필요하다. 자신의 가치를 스스로 인정하는 태도는 자존감을 높이는 데 큰 도움이 된다. 적절한 때에 의견을 내는 연습을 하면 토의 안정적 성향이 더 큰 힘으로 발휘될 수 있다.

결국, 토는 다양한 요소를 조화롭게 연결하며 중심을 잡아주는 중요한 역할을 한다. 사람들 간의 관계를 깊게 하고, 안정적인 기반을 제공하며, 주변에 긍정적인 영향을 미친다. 당신에게도 토의 기운이 흐르고 있다면, 그 중재적 성향을 바탕으로 더욱 풍요로운 관계와 삶의 깊이를 만들어 나갈 수 있을 것이다.

***

토를 천간으로 나눈 무토(戊土)와 기토(己土)의 생각과 마음 챙기기를 살펴보자.

1) 목표를 이루는 고집의 장인, 무토(戊土)의 생각과 마음 챙기기

무토는 강한 주관과 확고한 추진력을 지닌 사람이다. 얼마 전, 무토 친구가 이사를 준비할 때의 모습이 떠올랐다. 다른 사람 같으면 이삿짐을 싸고 필요한 물품을 챙기는 데 정신이 없었겠지만, 무토는 철저하게 계획을 세우고 하루하루 필요한 일과 목표를 우선순위에 따라 꼼꼼히 정리해 나갔다. 물건을 정리하고 짐을 옮길 순서까지 세세하게 작성하며 부지런히 실천해 나가는 모습이 그야말로 무토다운 강한 의지와 결단력을 보여줬다. 다만, 이런 성향이 때로는 그를 조금 지치게 만들기도 한다.

무토는 적극적이고 활동적인 성향을 가졌다. 그래서 플래너를 활용해 하루 계획을 세우고 목표 중심으로 우선순위를 정하는 것을 좋아한다. 실시간으로 일정 관리 앱이나 수첩을 통해 계획을 관리하는 모습은 무척 인상적이다. 그러나 가끔 이러한 계획이 무토에게 부담으로 작용할 때도 있다. '이건 꼭 해내야 해!'라는 마음이 너무 강해져 작은 일에도 스트레스를 받는 경우가 있다.

목표를 세우고 이를 달성하려 노력하는 모습은 매우 존

경스럽지만, 과도한 성취 욕구가 불안 요소가 되기도 한다. '내가 이 정도는 해내야지'라는 생각이 마음을 무겁게 만들 때가 있다. 이런 불안을 해소하기 위해 우선순위를 명확히 하고, 꼭 해야 할 일과 그렇지 않은 일을 구분해보는 것이 필요하다. 명상이나 스트레칭 같은 활동을 통해 몸과 마음의 균형을 맞추는 것도 무토에게 안정감을 줄 수 있는 좋은 방법이다.

무토는 자신이 통제할 수 있는 환경에서 안정감을 느끼는 편이다. 그래서 자신이 세운 목표를 하나씩 이루어 나가며 꾸준히 발전하는 경험이 불안을 줄이는 데 큰 도움이 된다. 진정한 성취는 외부의 인정보다 자신의 내면에서 비롯된다는 것을 기억하면 좋다.

자존감을 높이기 위해서는 현실적이고 실현 가능한 목표를 설정하고 이를 차근차근 성취해 나가는 경험이 중요하다. 무토는 강한 주관과 목표 지향적인 성격 덕분에 스스로 세운 목표를 이루어내는 과정에서 큰 만족감을 느낀다. 가끔은 주변 사람들과 목표와 과정을 공유하고 지지를 받을 때 자존감이 크게 상승한다. 그러나 다른 사람과 비교하는 경향이 나타나기도 하는데, 이럴 때는 자신의 성장을 되돌아보며 자신을 칭찬하는 것이 중요하다. 작은 성취가 무토에게 큰 힘이 된다.

목표를 이루었을 때는 스스로에게 보상을 주며 성취의 의미를 돌아보는 것도 좋다. '내가 이걸 해냈어!'라는 성취감은 무토의 자존감을 높여주며, 그 보상이 무토에게 더욱 큰 원동력이 된다. 가끔은 주변의 피드백을 받아들이는 것도 중요하다. 타인의 의견을 수용하며 자신을 성장시키는 과정에서 무토는 더욱 성숙한 자아를 형성할 수 있다.

무토는 때로 자신의 고집이 강해지기도 한다. '내가 맞아'라는 믿음이 강할수록 주변의 조언을 듣기 어려워지는데, 이럴 때는 "이 상황에서 내가 정말 옳은 판단을 하고 있는가?"라고 스스로에게 질문을 던져보는 것이 도움이 된다. 이렇게 스스로에게 질문을 던지면, 무토는 한 걸음 더 나아가 성장할 기회를 얻을 수 있다.

마지막으로, 목표를 관리할 때는 실현 가능한 단기 목표와 장기 목표를 나누어 조정하며 관리하는 것이 좋다. 매주 정기적으로 목표의 진척 상황을 검토하고 필요한 조정 사항을 기록하는 습관을 들이면 무토의 사고가 명확해지고 불안도 줄어든다.

무토의 강한 주관과 흔들림 없는 추진력은 주변 사람들에게 든든함을 주는 소중한 자질이다. 이 힘이 가끔은 당신을 지치게 만들 수 있지만, 그럴 때는 잠시 멈추어 자신을 돌아보며 걸어온 길을 되새겨보자. 그러한 시간은 무토의 끈기와 열정을 재정비하는 데에 큰 도움이 될 것이다. 무토의 내면에서 우러 나오는 힘이 앞으로도 많은 이들에게 영감을 주기를 희망한다.

2) 소리 없는 파동을 만드는 생각가, 기토(己土)의 생각과 마음 챙기기

기토는 조용하고 내향적인 성향을 지닌 사람이다. 얼마 전, 친구들과의 모임이 끝난 후 홀로 집으로 돌아가는 기토 친구의 모습이 떠올랐다. 모임 속에서 활발히 이야기하지는 않았지만, 그 순간들 하나하나를 되새기며 자신만의 방식으로 의미를 찾아가는 모습이 참 기토답다. 말로 표현하지 않아도 깊은 교감을 나누며 스스로의 감정을 들여다보는 기토의 내면은 섬세하고도 차분하다. 하지만 이런 면모가 때로는 스스로에게 부담이 되기도 한다.

기토는 주변의 감정이나 환경에 민감하게 반응하기 때문에 쉽게 감정의 파동을 느낀다. 그래서 감정 일지를 활용해 하루 동안 겪었던 사건이 감정에 어떤 영향을 미쳤는지 기록해보는 것이 도움이 된다. 하루를 돌아보며 느낀 감정을 짧게 적고 떠오르는 생각을 메모해 두는 과정은 기토에게 큰 안정감을 준다. 이렇게 매일의 감정을 기록하고 돌아보는 습관은 기토가 자신의 내면을 깊이 이해하고 편안함을 찾는 데 큰 힘이 된다.

기토는 외부 환경의 변화에 민감해 때때로 불안을 느끼기도 한다. 이럴 때는 혼자만의 시간을 가지며 감정을 차분히 정리하는 것이 좋다. 감정 일지를 통해 그날 느낀 감정들을 기록하고 스스로 수용하는 연습을 해보자. 또한, 조용한 음악을 들으며 마음을 다독이거나 평온한 활동에 집중하는 시간도 큰 도움이 된다. 이런 작은 휴식이 기토에게는 깊은 위로와 안정감을 준다.

내향적인 기토는 다소 수동적인 성향이 있지만, 믿을 수 있는 친구나 가족과 감정을 솔직히 나누면 마음이 한결 가벼워질 수 있다. 겉으로 감정을 드러내지 않더라도, 신뢰하는 사람에게 속마음을 털어놓으면 심리적 균형을 찾는 데 큰 도움이 된다.

기토는 자존감을 높이기 위해 자신의 내향적인 성향을 존중하고 내면의 성장을 추구하는 것이 중요하다. 편안한 환경에서 하루 동안의 작은 성취를 기록하며 스스로를 격려해보자. 매일 저녁, 하루 중 잘했다고 느끼는 일을 간단히 적어보고 자신을 칭찬하는 시간을 가지면 작은 성취들이 쌓여 자존감이 점차 높아진다.

기토는 주변과 비교하기보다는 자신의 성장에 집중하는 것이 중요하다. 기토의 강점을 인정하고, 자신만의 속도로 이룬 성취들을 돌아보며 스스로를 격려하는 과정이 자존감을 키우는 데 큰 힘이 된다. "나는 할 수 있어"라는 긍정적인 마음을 갖고, 자신의 속도에 맞춰 천천히 나아가다 보면 내면의 힘은 더욱 커질 것이다.

기토는 조용한 적응력 속에 깊은 사고와 단단한 힘을 지니고 있다. 주변의 소란 속에서도 스스로를 돌아보고 마음을 다독이는 시간을 가지면 그 내면의 힘은 더욱 단단해진다. 이러한 기토의 조용한 힘은 언제나 그를 더 강하게 만든다. 감정 일지를 통해 장기적인 감정 변화를 파악해보는 것도 좋다. 매주 한 가지 주제를 정해 자신에게 중요한 가치나 목표를 돌아보며 더 큰 목표를 설정하고 내면의 깊이를 더해가는 시간을 가져보자.

기토의 조용한 적응력은 겉으로 보이지 않더라도, 내면

에서 단단하게 자리 잡고 있는 큰 힘이다. 그 성향이 때로는 당신을 무겁게 할 수도 있지만, 천천히 자신을 믿고 내면의 소리에 따라 한 걸음씩 나아갈 때 큰 울림으로 돌아오게 될 것이다. 기토의 속도와 그 깊이 있는 힘이 언젠가 세상에 귀감이 될 것이니, 자기 자신을 따르며 계속 나아가기를 응원한다.

05
금(金)의 전체적인 성격과 특징

금(金)은 결실을 맺고 열매가 떨어지는 가을의 기운을 지니고 있다. 금은 결과를 추구하고, 목표를 이루기 위해 세밀하고 계획적으로 접근하는 성향을 가진다. 마치 농부가 수확한 열매를 신중히 갈무리하는 것처럼, 금은 성취한 결과를 어떻게 활용할지 고민하며, 다음 단계로 이어나갈 준비를 철저히 하는 성격이다. 혹시 당신도 일을 마무리하고 결과를 정리하며 다음 단계를 준비하는 것에서 보람을 느끼는가? 그렇다면 금의 기운이 당신에게도 흐르고 있을지 모른다.

금의 성향을 가진 사람들은 결과를 중시하며 목표를 설정하고 이를 성취하기 위한 철저한 계획을 세운다. 이들은 목표에 집중하며 작은 목표 하나하나를 이루어나가는 과정에서 큰 보람을 느낀다. 예를 들어, 주말에 해야 할 일을 리스트로 작성하고 차근차근 달성해나가며 성취감을 얻는 것이 금의 특징을 잘 보여준다. 이런 철저함과 실용성 덕분에 금은 세심함이 요구되는 분야에서 두각을 나타내고, 문제 해결에 있어서는 실질적인 접근을 선호한다.

금은 복잡한 상황에서도 핵심을 파악하고 최적의 방법을 찾아내는 능력이 있다. 목표를 이루기 위해 철저히 분석하고, 세밀한 작업을 통해 결과를 얻는 방식은 금의 강점이다. 세밀한 부분까지 신경 쓰는 금의 성향은, 자료를 정리하거나 계획을 구체화하는 작업에서 빛을 발한다. 혹시 당신도 문제가 생길 때 전체를 파악하고 필요한 부분을 세밀하게 분석하여 해결책을 찾는 편인가? 그렇다면 금의 기운이 당신에게 잘 맞을 것이다.

그러나 금의 성향이 지나치게 강할 때는, 결정을 미루거나 지나치게 신중해질 수 있다. 이럴 때는 자신이 가진 자원을 효과적으로 활용하고, 주저하지 않고 결단력을 발휘하는 것이 필요하다. 결정을 내리지 못하고 시간을 보내는 대신, 상황에 맞게 한 발짝 나아가는 것이 도움이 된다. 금의 성향을 가진 사람들은 때때로 완벽한 결과를 이루고자 할 때가 많은데, 이럴 때는 '완벽함보다는 실행이 중요하다'라는 마음가짐이 필요하다.

금은 결실과 마무리를 중시하는 성향 덕분에 삶의 여러 방면에서 신뢰를 주는 존재로 자리 잡는다. 결과 중심적인 금은 주위 사람들에게 실질적인 도움을 주며, 강력한 문제 해결력을 통해 안정감을 제공한다. 결론적으로, 금은 단순히 목표를 이루는 데 그치지 않고, 이를 기반으로 새로운 성장을 위한 토대를 마련하는 성향을 지닌다. 금의 강한 성향을 통해 더욱 성장하고 싶다면, 그 철저함과 섬세함을 토대로 다음 단계를 계획하며 꾸준히 나아가는 연습을 해보자.

금을 천간으로 나눈 경금(庚金)과 신금(辛金)의 생각과 마음 챙기기를 살펴보자.

1) 어제보다 오늘이 더 단단한 진취왕, 경금(庚金)의 생각과 마음 챙기기

경금은 마치 단단한 바위처럼 흔들림 없는 의지와 진취적인 에너지를 지닌 사람이다. 얼마 전, 경금 친구가 새로운 운동 목표를 세우고 매일 그 과정을 기록하며 성취를 확인하는 모습을 보았다. 목표를 구체적으로 세우고 이를 달성하기 위한 단계를 세밀히 나누어, 하나씩 성과를 쌓아가는 모습이 참 인상적이었다. 언제나 목표를 향해 한결같이 나아가는 경금의 성실함이 돋보였지만, 때로는 그 강직함이 부담이 될 수도 있겠다는 생각이 들기도 했다.

경금은 목표 지향적이며 독립적인 성격을 가졌다. 경금에게 목표는 단순한 지침이 아닌, 성장과 성취의 원동력이다. 그래서 목표 성취 일기를 쓰며 자신이 설정한 목표와 그 세부 단계를 기록하고 진척 상황을 점검하는 일을 소중히 여긴다. 목표에 도달할 때마다 스스로 느끼는 보람과 성장이 경금에게 큰 힘이 되지만, 그 성취에 집착이 커질 때는 불안으로 이어지기도 한다.

이럴 때는 잠시 멈춰서 지금까지 쌓아온 성과를 돌아보며 자신을 인정해주는 시간이 필요하다. 작은 성공들을 돌아보며 자부심을 느끼는 과정은 불안을 해소하고, 다시 힘을 얻는 데 큰 도움이 된다.

목표를 향한 길이 항상 쉬운 것은 아니다. 경금이 중간에 불안을 느낄 때는 자신이 이뤄온 성과를 시각화하거나 작은 성공을 자축하는 것이 효과적이다. 자신이 이룬 성과를 되돌아보며 자부심을 느끼고, 현재 발전한 모습을 인식하는 것이 중요하다. 경금은 특히 "나는 충분히 해낼 수 있어"라는 자기 암시를 통해 긍정적인 힘을 얻으며, 자신의 성장과 노력을 스스로 인정하는 태도를 유지할 때 더욱 강한 자존감을 가지게 된다.

자존감을 높이기 위해서는 자신이 설정한 목표를 꾸준히 실천해 나가는 과정이 중요하다. 경금은 목표를 향한 결단력과 집중력이 뛰어나기 때문에, 작은 목표라도 하나씩 성취할 때마다 자신에게 보상을 주고 스스로를 칭찬하는 습관이 자존감 형성에 큰 도움이 된다. 작은 성취들이 쌓이면서 경금의 마음은 더욱 단단해지고, 내면의 힘 또한 커진다.

경금은 또한 자신의 결단력과 리더십을 발휘할 기회를 찾는 것이 좋다. 자신이 가진 진취적인 성향을 통해 가치를 인정받을 때, 경금은 더 큰 만족감을 느끼며 성장의 원동력을 얻는다. 단기 성과에 치중하기보다는 장기적인 목표를 설정하고 그 과정에서 스스로의 발전을 확인하는 것이 중요하다. 목표를 향해 나아가는 과정에서 작고 의미 있는 변화를 기록하고, 성장하는 자신을 돌아보는 시간이 필요하다.

경금은 때때로 강한 고집으로 인해 타인의 의견을 쉽게 받아들이지 않는 경우도 있다. 자신의 판단이 옳다고 느낄 수록 다른 사람의 피드백을 듣기 어려워지는데, 이럴 때는 "지금 이 상황에서 내가 진정으로 옳은 판단을 하고 있는 가?"라는 질문을 던져보는 것이 좋다. 이렇게 스스로 질문을 던지면, 주변의 의견을 수용할 여유를 가지며 더욱 유연한 사고로 성장할 수 있다.

마지막으로, 매일 자기 평가를 통해 자신의 진행 상황을 점검하고 다른 사람의 의견에도 열린 마음을 가지는 습관을 들여보자. 타인의 피드백을 수용하며 자신을 조정하는 과정에서 경금은 더욱 성숙하고 깊이 있는 결단력을 발휘하게 된다. 이러한 과정은 경금의 불안을 줄이고, 그가 가진 강직함을 더욱 빛나게 해줄 것이다.

경금의 강직한 성향은 그 자체로 주변에 믿음을 주고, 흔들림 없는 안정감을 선사한다. 그러나 이러한 성향이 때로는 작은 성취에도 기쁨을 느끼는 여유를 잃게 할 수 있으니, 과정을 충분히 즐기고 성과를 소중히 여기는 태도를 가질 때 더 큰 자존감을 얻을 수 있을 것이다. 그 성실한 노력이 목표를 넘어 더 넓은 가능성을 향해 나아가길 바란다.

2) 완벽을 추구하다 완벽에 지친 계획자, 신금(辛金)의 생각과 마음 챙기기

신금은 마치 정교한 장인의 손길처럼 섬세하고 신중한 성향을 가진 사람이다. 얼마 전, 신금 친구가 인테리어를 계획하는 모습을 보면서 그 철저함에 감탄했다. 단순히 가구 배치만이 아니라, 공간의 활용도, 소품의 배치, 조명의 각도까지 세세하게 고려해 하나하나 기록하며 완벽하게 준비해 나가는 모습에서 신금의 섬세함과 집중력을 엿볼 수 있었다. 그 세심한 계획과 정리는 분명 훌륭한 자질이지만, 때로는 이 완벽주의가 스스로에게 큰 부담이 되기도 한다는 것을 느꼈다.

신금은 불확실한 상황에서 불안감을 쉽게 느끼기 때문에 명확한 계획과 차분한 자기 관리가 불안 해소에 큰 도움이 된다. 현재 느끼는 불안을 구체적으로 분석하고, 이에 대한 대응 방법을 리스트로 작성하는 것은 신금에게 매우 유용하다. 차분하게 호흡 운동을 하거나 간단한 명상 같은 자기 관리 시간을 가지는 것도 효과적이다. 감정을 균형 있게 유지하며 안정감을 찾는 이 과정을 통해 신금은 내면의 평온을 찾을 수 있다.

완벽을 추구하는 신금이지만, 때때로 '이 정도면 충분하다'는 마음가짐을 갖는 것이 중요하다. 불안을 느낄 때 결벽적 성향이 나타나기 쉬운데, 이런 순간에는 완벽을 조금 내려놓고 작은 실수를 받아들이는 훈련이 필요하다. 작은 실수도 용납할 때, 마음이 한결 가벼워지고 불안감이 조금씩 해소될 것이다. '완벽하지 않아도 괜찮아'라는 여유로운 태도가 신금에게 안정감을 준다.

신금의 자존감을 높이기 위해서는 자신의 분석력과 판단력을 인정받는 것이 중요하다. 구체적인 계획을 세우고 그 목표를 달성할 때마다 스스로에게 칭찬을 건네자. 작은 성공이라도 기록해 두고, 가끔 되돌아보며 자신감을 회복하는 것이 좋다. 신금은 특히 감정적으로 불안정할 때가 많으므로, 자신의 장점과 성취를 기록해 두고 자주 되새기는 습관을 가지는 것이 큰 도움이 된다.

외부의 칭찬보다는 스스로의 성장을 느낄 때 신금은 더욱 큰 자존감을 얻게 된다. 계획을 세우고 그것을 차근차근 실행하며 자아 존중감을 높여가자. 작은 목표를 세우고 이를 성취하는 과정에서 얻는 성취감은 신금에게 큰 힘이 된다.

가끔 신금은 고집이 강해져 '이건 꼭 이렇게 해야 해'라는 생각이 굳어지곤 한다. 이런 상황에서는 스스로에게 질문을 던져보자. "지금 내가 옳은 판단을 하고 있는가?" 이렇게 자신에게 물어보면, 새로운 관점에서 상황을 바라볼 수 있게 되어 성장할 기회가 생긴다.

마지막으로, 세부적인 계획을 세울 때는 논리적인 구조와 체계를 갖추는 것이 신금에게 맞다. 표나 목록을 활용해 항목별로 나누고 분석하는 방식은 신금의 성향을 극대화할 수 있다. 필요에 따라 데이터나 사례를 기록에 추가하는 것도 좋은 방법이다. 이를 통해 신금은 체계적이고 직관적인 사고력을 더욱 발휘할 수 있다.

신금의 깊은 분석력과 신중함은 흔들림 없이 당신을 지탱해주는 내면의 힘이다. 이 성향이 때로는 당신을 지치게 할 수도 있지만, 한 발짝 물러서서 자신의 노력과 성장을 스스로 인정하며 여유를 찾는 것도 소중한 과정이 된다. 완벽함을 추구하는 마음보다 스스로의 변화를 소중히 여길 때, 신금의 진가는 더욱 빛을 발하게 될 것이다.

06

수(水)의 전체적인 성격과 특징

수(水)는 한마디로 표현하자면 '저장'이다. 에너지를 저장하고 응축하는 성질을 가진다. 수는 마치 겨울 동안 에너지를 축적하며 동면에 들어가는 곰처럼, 고요하고 차분해 보이지만 그 내면에는 깊은 사고와 지혜가 자리 잡고 있다. 수의 기운을 지닌 사람들은 내면에서 끊임없이 지식을 쌓고, 깊이 있는 사고를 통해 진리를 탐구하는 성향이 강하다. 혹시 당신도 겉으로 드러나지 않더라도, 내면에서 차분히 지혜를 쌓아가는 편인가? 그렇다면 수의 기운이 당신에게도 흐르고 있을지 모른다.

수의 특성은 집중과 탐구, 그리고 생명력의 원천으로 작용한다. 비록 겉으로는 조용하고 차분해 보일지라도, 수의 성향을 가진 사람들은 한 가지에 깊이 몰두하고 문제를 해결하기 위해 차분히 사고하는 능력이 탁월하다. 이들은 학문적 연구나 탐구가 요구되는 분야에서 두각을 나타내며, 사물의 이면을 깊이 있게 이해하는 특성을 지니고 있다. 혹시 당신도 세상의 복잡한 문제를 하나하나 분석해보며 깊이 있는 사고를 통해 해결책을 찾는 것을 좋아하는가? 그렇다면 수의 특성이 잘 맞을 것이다.

수의 기운이 강할수록 지혜와 사고의 깊이를 강조하며, 인내를 통해 새로운 관점을 탐구해 나가는 성향이 있다. 이들은 단순히 감정이나 생각을 표현하기보다는, 세상의 원리와 진리를 깊이 이해하고 이를 내면에 저장해가는 과정에서 만족감을 느낀다. 이러한 특성 덕분에 수는 내면적으로는 끊임없이 성장하고 있으며, 그 깊이 있는 지식과 사고력을 통해 주변 사람들에게도 긍정적인 영향을 미친다.

그러나 수의 성향이 지나치게 강할 때는, 내향성이 심해지거나 혼자만의 사고에 빠져 주변과의 소통을 놓칠 수 있다. 이럴 때는 자신의 생각을 외부와 나누고, 다양한 관점을 수용하며 자신을 개방하는 연습이 도움이 될 것이다. 타인의 의견을 경청하고, 그 안에서 새로운 통찰을 발견해 나가는 과정은 수가 더욱 풍부하게 성장하는 데 필요하다.

결국, 수는 저장과 깊이를 통해 삶에 대한 이해를 넓히고 지혜를 쌓아가는 중요한 역할을 수행한다. 이러한 내면의 탐구를 통해 개인의 성장과 변화를 이끌어내며, 이를 통해 세상에 긍정적인 영향을 미친다. 수의 성격은 지혜와 사고의 깊이를 통해 끊임없이 발전을 가능하게 하는 에너지를 지니고 있다.

수를 천간으로 나눈 임수(壬水)와 계수(癸水)의 생각과 마음 챙기기를 살펴보자.

1) 몰입의 기복을 즐기는 고독한 창작자, 임수(壬水)의 생각과 마음 챙기기

임수는 창의적이고 감수성이 깊어, 순간적인 영감에 몰입하는 성향이 강하다. 얼마 전 도서관에서 새로운 책을 발견하고는 그 자리에서 내용을 메모하고 관련 자료를 찾기 시작한 임수 친구가 떠오른다. 책 속의 한 구절이 아이디어로 번져나가고, 자신의 생각과 연결되며 영감이 확장되는 그 모습에서 임수의 진지한 탐구심과 창의력이 빛났다. 작은 정보 하나에도 깊이 빠져드는 임수의 몰입력은 남다르지만, 때로는 이런 몰입이 스스로에게 부담이 될 때도 있다.

감정의 기복이 있는 임수에게는 창의적인 활동을 통해 감정을 풀어내고 안정감을 찾는 것이 중요하다. 예를 들어, 음악을 듣거나 그림을 그리며 감정을 자유롭게 표현할 때, 임수는 내면의 평온을 찾을 수 있다. 이런 예술적 활동은 감정을 시각화하고 정리하는 좋은 방법이 되며, 특히 불안할 때 자신의 감정을 글이나 그림으로 기록해보는 것은 임수가 감정을 다루는 데 큰 도움이 된다.

임수는 감정을 표현하고 타인과 공유할 때 마음이 한결 가벼워지는 경향이 있다. 가족이나 친구와 감정을 나누거나 창의적인 취미 활동을 통해 스트레스를 해소하는 것도 좋다. 이렇게 예술적 활동을 통해 자신의 감정을 표현하는 습관을 들이면, 임수의 자존감에도 긍정적인 변화를 가져온다.

임수의 자존감을 높이기 위해서는 자신의 예술적 성향을 충분히 발휘할 수 있는 활동이 중요하다. 글쓰기, 그림 그리기, 음악 등 자신을 표현하는 창작물 속에서 임수는 큰 만족을 느끼며, 그 결과물을 타인과 공유하고 피드백을 받는 과정이 자존감을 더욱 키워준다. 이렇게 주기적인 창작 활동을 통해 자신을 돌아보고 감정을 정리하는 습관을 들이면, 임수는 자신에 대한 믿음과 자신감을 더 키울 수 있다.

가끔 임수는 감정을 표현하는 데 망설이기도 한다. 이럴 때는 "내 감정은 나만의 소중한 자산"이라는 마음가짐을 갖고, 감정을 솔직하게 표현해보자. 또한 조용한 환경에서 자신의 생각을 정리하고 혼자만의 시간을 가지면, 임수는 큰 위로를 얻게 될 것이다.

임수에게는 크리에이티브 저널링(Creative Journaling)처럼 생각을 자유롭게 기록하고 아이디어를 발산하는 습관이 잘 맞는다. 떠오르는 생각을 글이나 그림으로 표현하고 감정을 정리하다 보면, 임수의 창의력은 더욱 풍부해지고 새로운 영감을 얻게 된다. 임수의 창의적이고 예술적인 감수성은 세상에 단 하나뿐인 특별한 자산이다.

감정의 기복이 때로는 임수에게 무거운 짐이 될 수도 있지만, 그 안에서 자신을 깊이 탐구하고 소중히 여기는 과정이 임수의 성장에 큰 힘이 될 것이다. 그 풍부한 감수성과 내면의 깊이가 세상에서 빛을 발할 그날을 기대해본다.

2) 불안함 속 차분한 균형 감각가, 계수(癸水)의 생각과 마음 챙기기

계수는 유연하고 섬세한 감각을 지닌 사람이다. 얼마 전,

갑작스러운 소나기가 내리던 날 계수 친구가 우산을 접고 천천히 걸으며 그 순간을 즐기던 모습이 떠올랐다. 예상치 못한 비에 당황하지 않고 여유롭게 적응하며 빗소리와 풍경을 온몸으로 받아들이는 모습이 계수다운 면모였다. 비가 그친 후에는 주변 풍경이 다시 보였는지, 조용히 주위를 재정비하며 새로운 시각으로 바라보았다. 이런 계수의 유연한 적응력은 정말 인상적이지만, 때때로 그 유연함이 스스로에게 불안함을 주는 원인이 되기도 한다.

계수는 변화를 자연스럽게 받아들이는 성향 덕분에 상황에 따라 조정할 수 있는 목표 설정이 잘 맞는다. 변화에 민감한 계수에게는 모듈형 플래너를 활용해 매일 목표를 설정하고 필요에 따라 수정할 수 있는 방식이 좋다. 하루를 돌아보며 자신에게 꼭 필요한 목표를 다시 정리하는 과정은, 계수에게 안정감과 체계적인 사고를 제공한다. 목표가 유동적이어도 스스로가 중심을 잡는 방식을 연습하면, 예상치 못한 변화에도 흔들림 없이 나아갈 수 있다.

불안을 느낄 때 계수는 차분한 자기 탐색의 시간을 가져보는 것이 좋다. 조용한 공간에서 감정을 되돌아보거나 산책을 하며 불안의 원인을 찾는 것도 계수에게 큰 도움이 된다. 물처럼 유연한 성향을 지닌 계수는 고정된 틀에 갇히지 않고 자유롭게 생각을 흘려보내는 연습이 필요하다. 주어진 상황에 대한 감정을 자연스럽게 받아들이고 기록하는 습관은 불안감을 낮추고 내면의 균형을 유지하는 데 도움을 준다.

계수가 자존감을 높이려면 작은 성공 경험을 통해 자신을 칭찬하고 가치 있는 변화를 확인하는 것이 중요하다. 작은 성취 하나에도 자신의 성장과 가치를 발견할 때, 계수는 어떤 상황 속에서도 자신을 지탱할 힘을 얻는다. 자아를 다각도로 바라보며 성장을 이어간다면, 더 큰 자신감을 쌓아갈 수 있다.

계수는 때로 예상치 못한 상황에서 지나친 걱정에 빠지곤 한다. 이럴 때는 "지금 이 순간 가장 필요한 것은 무엇인가?"라는 질문을 통해 불필요한 걱정을 줄여보자. 불안감에 대비해 미리 생각해둔 해결책을 기록해두는 것도 좋은 방법이다. 준비된 해결책이 있다는 사실만으로도 예상치 못한 상황에서 더 차분하게 대처할 수 있다. 하루를 마무리할 때, 오늘의 경험과 성찰을 기록하고 개선할 점을 적어보는 습관을 들여보자.

계수의 유연한 성향이 스스로에게 위안이 되려면, 자기 성찰의 시간이 필수다. 이런 기록의 과정은 계수에게 커다란 안정감을 제공하며 하루의 작은 성취와 내면의 변화를 돌아보는 데 큰 도움이 된다.

계수의 섬세하고 유연한 성향은 마치 물처럼 흐르며 모든 환경에 스며드는 특별한 힘을 지니고 있다. 상황에 따라 자신의 모습을 바꾸면서도 본질을 잃지 않는 계수의 이런 부드러운 힘은, 스스로의 길을 찾고 유지하게 한다. 때로는 이 부드러운 힘이 당신을 지치게 할 수도 있지만, 그 유연함 속에서 스스로를 지키며 자기 자신과의 조화 속에서 더욱 견고해질 수 있을 것이다.

이처럼 사주팔자에서 일간을 중심으로 생각과 마음챙김을 살펴보며, 나를 이해하고 더 나은 방향으로 나아갈 방법을 모색해 보았다. 일간은 단순히 개인의 성격적 특성을 나타내는 것을 넘어, 삶의 여러 영역에서 자신만의 기질과 잠재력을 발휘할 수 있는 열쇠 역할을 한다. 이를 통해 자신을 깊이 이해하고, 현재의 문제를 새로운 시각으로 바라보며 해결해 나갈 힘을 얻을 수 있다.

마음챙김은 사주팔자라는 전통적인 틀 안에서 현대적인 의미를 재해석하며, 자기 성찰과 성장을 도울 수 있는 도구가 된다. 각자 가진 고유한 일간의 기운을 이해하고, 이를 바탕으로 삶의 균형을 잡아나가며 내면의 평화를 찾아가길 바란다. 사주를 통해 발견한 나만의 마음챙김 방법이, 앞으로의 여정을 더욱 풍요롭게 만드는 데 도움이 되기를 기대한다.

하루씩 살아가라

수많은 정보와 아이디어가 쏟아지는 시대다. 하루에도 수십만 개의 콘텐츠가 쏟아지고 있으며, 점차 인공지능(AI) 기술이 우리 실생활에 접목되고 있다. 이런 현실에서 모든 사람이 '더 효율적으로, 더 똑똑하게'를 외치며 살아간다. 목표를 정하고, 구체적인 계획을 세워서 조금의 낭비도 없어야 한다는 압박이 우리를 더욱 바쁘게 몰아붙인다.

그렇게 정신없이 달리다 보면 문득 이런 의문이 든다.

"과연 이렇게 분주한 생각과 행동이 나를 '진정한 만족'으로 이끌고 있는가?"

대답 대신 돌아오는 건 공허한 메아리뿐이다.

'덜 생각하고 더 잘 사는 법'이란 문구는 '생각의 숲'을 헤매고 있는 우리에게 저 멀리 보이는 이정표 같다. '잡념'은 무성한 수풀처럼 우리의 시야를 가려 제대로 볼 수 없게 한다. 역설적으로 생각을 조금 덜어내면 세상이 선명하게 보이기 시작한다. 언젠가 도시 외곽의 오래된 작은 서점에 들러 몇 권의 책을 뒤적인 적이 있다. 이책 저책을 훑어보던 나는 어느 한 문장에 시선이 멈췄다

"평생을 고민하지 말고, 하루씩 살아가라."

이 문장이 내 머릿속을 파고드는 순간, 서점 밖에서 아이들의 웃음소리가 들려왔다. 그 웃음소리는 마치 복잡한 미래가 아닌 '오늘 하루'의 의미를 찾으라고, 끝없는 생각 대신 '지금 이 순간'의 소리를 들으라고 속삭이는 듯했다. 머릿속이 조금 가벼워지는 느낌이었다.

'하루씩 살아가기.' 이 짧은 구절은 무거운 책임과 무한한

걱정을 한순간에 지워내지는 못한다. 다만 우리의 정신이 잠시 숨 쉴 틈을 만든다. 과도한 불안과 고민이 줄어들며, 그 자리에는 단순한 일상의 흐름이 채워진다. 그러다가 문득, 삶이 이전보다 훨씬 다채롭고 풍성하다는 사실을 깨닫게 된다. 그것은 아무리 발버둥 쳐도 닿지 않던 평온이, 사실은 생각보다 가까운 곳에 있었다는 뜻이다.

"한 걸음을 내디딜 때마다 짐은 가벼워지고, 삶은 조금 더 단순한 진실로 다가온다."

결국 '덜 생각하고 더 잘 사는 법'은 특별한 기술이나 전략이 아니다. 그것은 우리가 잊고 있던 '본능적 감각'의 회복일지 모른다. '생각의 숲'을 빠져나와 따스한 햇살 아래 서면, 눈앞의 풍경은 훨씬 명료해진다. 그때 비로소 우리는 발견한다. 우리 삶은 어쩌면 이미 제법 '괜찮았다'라는 사실을. 단지 지나치게 고민하고 뒤틀며, 자신을 헝클어놨을 뿐이라는 것을.

"당신은 이미 충분히 잘 살고 있었다. 단지 그것을 흐릿하게 만드는 '생각의 먼지'를 털어낼 필요가 있었을 뿐."

이 책을 덮는 순간, 당신도 일상의 작은 소리와 빛, 온기와 바람을 다시 느낄 수 있다. 더 잘 살기 위해 굳이 머리를 싸맬 필요는 없다. 눈앞에 놓인 '오늘'을 음미하고, 한 걸음씩 내디디며 충분히 '지금 이대로도 괜찮다'라고 인정하는 것. 그렇게 삶은, 더 단순하고 아름다운 흐름 속으로 돌아온다.

박용남

덜 생각하고 더 잘사는 법

초판 1쇄 인쇄 2024년 12월 20일
초판 1쇄 발행 2024년 12월 31일

지은이 련(戀), 김희진, 강미정
　　　　　 신철우, 김연재, 화담(華談)

편집 권희중
디자인 엄지언
마케팅·영업 비책
펴낸곳 비책
출판등록 제2024-000017호 (2024. 2. 28.)
이메일 becheck1995@gmail.com

값 16,800원
ISBN 979-11-988051-3-3 03180